I0568444

www.ingramcontent.com/pod-product-compliance
Lightning Source LLC
Chambersburg PA
CBHW071215120626
46546CB00006B/2576

9781958168233

بنەماکانی کڵێسا

تێگەیشتن لە نێردراوێتییە مەزنەکە

سەرپەرشتیاری زنجیرە کتێب
جۆناتان لیمەن

نووسەر
مارک دێڤەر

وەرگێڕان:
ئەندازیار سروش
نەریمان تاهیر

Email: jamala@worksmail.net
Email: contact@handofhelp.info
Skype: jamalabumajd
www.handofhelp.info
UK: +44 (0) 7966 610944
Iraq: +964 (0) 751 792 5515
iraq, erbil, Ankawa, Hershem 28 / 23

handofhelp
FOR SOCIAL SOLIDARITY / HOSS / NGO
Jamal Liddawi
FOUNDER & DIRECTOR

Originally Published in English Under the Title:
Understanding the Great Commission

Copyright © 2016 by Mark Edward Dever and 9Marks
All rights reserved.

Printed in the United States of America
9Marks ISBN: 978-1-958168-23-3
Published by B&H Publishing Group
Nashville, Tennessee

- ناوی کتێب: تێگەیشتن لە نێردراوییێتییە مەزنەکە
- نووسەر: مارک دێڤەر
- وەرگێڕ: نەریمان تاهیر & ئەندازیار سروش eng.srush@gmail.com
- چاپی یەکەم: ٢٠٢١
- چاپخانە:
- تیراژ: ١٠٠٠ دانە
- ژمارەی سپاردن: لە بەڕێوەبەرایەتی گشتی کتێبخانە گشتییەکان/ هەرێمی کوردستان ژمارەی سپاردنی (١٠٠٦)ی ساڵی ٢٠٢١ ی پێدراوە

هەموو ئایەتەکانی ئەم بەرهەمە لە چاپی کوردیی سۆرانیی ستاندەرەوە (KSS) وەرگیراوە.
هەموو مافەکانی پارێزراوە.

ناوەرۆک

پێشەکیی زنجیرە کتێبی بنەماکانی کڵێسا

ژیانی باوەڕداران ژیانی کڵێسایە؛ ئەم باوەڕە بنەڕەتییەی کتێبی پیرۆز لە هەموو کتێبەکانی دیکەی ئەم زنجیرەیەدا ئاماژەی پێ کراوە.

ئەم باوەڕە لە ئاستی خۆیەوە کاریگەری لەسەر چۆنیەتی مامەڵەکردنی نووسەرەکان لەگەڵ بابەتەکان دادەنێت. بۆ نموونە، ئێوارەخوانی مەسیح خوانێکی تایبەت و نهێنیی نێوان تۆ و عیسای مەسیح نییە، بەڵکو نانخواردنە لەگەڵ خێزانەکەتدا کە بەهۆیەوە لەگەڵ مەسیح و گەلی مەسیحدا ژیانی هاوبەشت دەبێت. ئەرکە مەزنەکە (مزگێنیدان) مۆڵەتنامەیەکی کەسیی نییە بۆ چوونە نێو گەل و نەتەوە جیاوزەکانەوە وەکو شایەتیی بۆ مەسیح، بەڵکو فەرمانێکە کە دراوە بە تەواوی کڵێسا بۆ ئەوەی تەواوی ئەندامان هەستن بە ئەنجامدانی. دەسەڵاتی کڵێسا تەنها پشت بە ڕابەران نابەستێت، بەڵکو تەواوی ئەندامان لەخۆ دەگرێت. واتا، هەموو ئەندامێک ئیش و ئەرکێکی تایبەتی هەیە، بە تۆشەوە.

گرنگە بیزانین کە هەموو کتێبەکانی ئەم زنجیرەیە بۆ ئەندامی ئاسایی کڵێسا نووسراوە. ئەگەر ژیانی باوەڕدار ژیانی کڵێسا بێت، ئەوا تۆی باوەڕداری لەئاوهەڵکێشراو و ئەندامی کڵێسا، بەرپرسیارییتیی تێگەیشتن لەم بابەتە بنەڕەتییانەت لەسەر شانە. وەکو چۆن عیسا فەرمانی پشتگیری و پاراستنی پەیامی مزگێنی پێداویت، بە هەمان شێوە فەرمانی پشتگیری و پاراستنی کڵێسات پێدەکات. ئەم کتێبانە بۆت ڕوون دەکەنەوە کە چۆن ئەو کارە بکەیت.

وای دابنێ کە تۆ یەکێکیت لە خاوەن پشکەکانی کۆمپانیای خزمەتی مزگێنیی مەسیح. وە خاوەن پشکە باشەکان چی دەکەن؟ ئەوان لێکۆڵینەوە لە کۆمپانیا

و بـازاڕ و پێشـبڕکێکان دەکـەن. دەیانەوێـت ئەوپـەڕی سـوود لـە وەبەرهێنانەکەیـان وەربگـرن. تـۆی باوەڕداریـش تـەواوی ژیانـت لـە مزگێنیـی مەسـیحدا وەبەرهێنـان کـردووە. کەواتـە، ئامانجـی ئـەم زنجیـرە کتێبـە ئەوەیـە کـە لەپێنـاو مزگێنیـی مەزنـی خـودا یارمەتیـت بـدات تەندروسـتی و قازانجـی شانشـینی کڵێسـا ناوخۆییەکـەت زیـاد بکەیـت.

ئایا ئامادەی دەست بە ئەرکەکەت بکەیت؟

براتان، جۆناتان لیمەن/ سەرپەرشتیاری زنجیرە کتێبی بنەماکانی کڵێسا

ئەو کتێبانەی لە زنجیرە کتێبی بنەماکانی کڵێسا هەن:

تێگەیشتن لە نێردراوییێتییە مەزنەکە، مارک دێڤەر

تێگەیشتن لە لەئاوهەڵکێشان، بۆبی جامیسۆن

تێگەیشتن لە شێوی پەروەردگار، بۆبی جامیسۆن

تێگەیشتن لە دەسەڵاتی کۆمەڵی باوەڕداران، جۆناتان لیمەن

تێگەیشتن لە تەمبێکردنی کڵێسایی، جۆناتان لیمەن

تێگەیشتن لە ڕابەرایەتیی کڵێسا، مارک دێڤەر

بەشی یەکەم

نێردراوییێتییە مەزنەکە، تۆ و کڵێسای ناوخۆیی

ئامانجی ئەم کتێبە ئەوەیە کە لە تێگەیشتنی ئەرکە مەزنەکە تێبگەیت و بزانیت کە چ واتایەکی لە ژیانی تۆی باوەڕداردا هەیە.

لە کتێبی پیرۆزدا دەستەواژەی «ئەرکە مەزنەکە» نەهاتووە، بەڵام باوەڕداران زۆر لەمێژە ئەم دەستەواژەیە بەکاردێنن بۆ وەسفکردنی کۆتا فەرمانی شکۆداری مەسیح کە پێش چوونی بۆ ئاسمان پێی داین. ئەو فەرمانەت لەبیرە؟ ئەمە فەرمانەکەیە:

«عیسا لێیان نزیک بووەوە و پێی فەرموون: «هەموو دەسەڵاتێکم لە ئاسمان و لەسەر زەوی دراوەتێ. کەواتە بڕۆن، هەموو نەتەوەکان بکەنە قوتابی، بە ناوی باوک و کوڕ و ڕۆحی پیرۆز لە ئاویان هەڵبکێشن، فێریان بکەن با کار بکەن بە هەموو ئەو شتانەی کە ڕامسپاردوون. دڵنیابن من هەموو ڕۆژێک لەگەڵتانم، هەتا کۆتایی زەمان» (مەتا ٢٨: ١٨- ٢٠).

عیسا لە کاتی خزمەتەکەیدا و پێش لە خاچدانی، فەرمووی کە ئەرکی ئەو تەنها تیشک دەخاتە سەر مەڕە ونبووەکانی ئیسرائیل (مەتا ١٥: ٢٤). بەڵام لەدوای هەستانەوە، ئەو بووە مەزنترین دادوەری تەواوی ڕووی زەوی. ئەو بە دەسەڵاتی یەزدانی بەتوانا هەستایەوە، وەکو کوڕی مرۆڤ کە لە (دانیال ٧)دا هاتووە. حوکمی عیسا زیاتر لە ئیسرائیل دەڕوات و هەموو گەلان دەگرێتەوە. عیسا هەموو دەسەڵاتێکی ئاسمان و زەوی هەیە.

عیسا دوای پێداگریکردنی لەسەر ئەم دەسەڵاتەی، داوا لە قوتابییەکانی دەکات کە بڕۆن و قوتابی دروست بکەن. لە زمانی یۆنانیدا، ئەوە کرداری هاندانە کە

دەڵێت: «قوتابی دروست بکەن». وە ئەم فەرمانەی مەسیح سێ فەرمانی دیکەی لەگەڵە بۆ ئەوەی بتوانین بە وردی گرێی کارەکان بەم جۆرە وەربگێڕین:

ڕۆیشتن، قوتابی دروست بکەن، لەئاوهەڵکێشان و فێرکردن.

یەکەم فەرمان - ڕۆیشتن - بە گشتی بە «بڕۆن» وەردەگێڕدرێت. ئەمە شتێکی خراپ نییە، چونکە یەکەم وشەیە و لەپێش «قوتابی دروست بکەن»ەوە هاتووە. خوێنەرە یۆنانییەکان زانیویانە کە دەبێت پێداگرییەکی تایبەتی لەسەر بێت. بۆیە ئاساییە کە بە «بڕۆن» وەریبگێڕین.

بەڵام ئەگەر دروستکردنی قوتابی پشت بە ڕۆیشتن، لەئاوهەڵکێشان و فێرکردن ببەستێت، ئەوا کێ ئەو کەسانە دەنێرێت؟ وە کێ لەئاوهەڵکێشان و فێرکردنەکە دەکات؟ ئایا ئەم کارانە لە ڕێگەی مزگێنیی تاکەکەسییەوە دەبێت یان بەقوتابیکردن، یاخود بە ڕێگایەکی دیکە؟

کڵێسا لە ڕێگەی چاندنی کڵێسای دیکەوە ئەرکە مەزنەکە جێبەجێ دەکات

کاتێک تەماشای ئەو کتێبانە دەکەم کە لەسەر ئەرکە مەزنەکە نووسراوە، دەبینم کە بە گشتی چاویان خستووەتە سەر مزگێنیدان یان چالاکییەکان. تیشک دەخەنە سەر ئەوەی کە ئێمەی تاکی باوەڕدار دەبێت چی بکەین. منیش کتێبێکی لەو چەشنەم نووسی بە ناوی «ئینجیل و مزگێنیدانی کەسیی»[a]. هیوادارم بتوانیت ئەو کتێبە پەیدا بکەیت و بیخوێنیتەوە. بێگومان ئەرکە مەزنەکە نایەتە دی ئەگەر هەر باوەڕدارێک لە ئاست خۆیەوە مزگێنی نەدات و کەسانی دیکە فێر پەیامی مەسیح نەکات. بەڵام ئەرکە مەزنەکە تەنها ئەوە لەخۆ دەگرێت و هیچی دیکە - تاکی باوەڕدار بلیتی فڕۆکە بکڕێت وناملکەی تایبەت بە کتێبی پیرۆز و مەسیحییەت

---

a بەداخەوە هەتا ئێستا ئەم کتێبە وەرنەگێڕدراوەتە سەر زمانی کوردی، بەڵام دەتوانیت بە زمانی ئینگلیزی بیخوێنیتەوە:

The Gospel and Personal Evangelism.

هەڵبگرێت و بڕوات؟ یاخود وتەکەی عیسا لەوە زیاتر دەگرێتەوە؟

ئەمە دەمانهێنێتە سەر ڕێگای دووەم بۆ باسکردنی ئامانجی نووسینی ئەم کتێبە: هیوادارم بتوانیت ئەوە ببینیت کە نێردراواییتییە مەزنەکە بە سادەیی لە ڕێگەی دامەزراندن و گەشەدان بە کڵێسا ناوخۆییەکانەوە ئەنجام دەدرێت. کڵێساکان لە ڕێگەی دامەزراندنی کڵێسای دیکەوە، نێردراواییتییە مەزنەکە بەجێ دەگەیەنن. کەواتە، ئەو نێردراواییتییە تۆی تاکی باوەڕدار دەگرێتەوە. هەروەها دەبێت ئەوەش بزانن کە لە ڕێگەی کڵێسا ناوخۆییەکەشتەوە، تۆ دەگرێتەوە. ئەمە ئەو ڕێگەی ئاساییە کە خودا دەیەوێت ئێمە بڕۆین و قوتابی دروست بکەین و لە ئاویان هەڵبکێشین و فێری پەیامی خودایان بکەین.

بەڵێنی خودا بۆ ئیبراهیم و ئێمە

لەبیرتە کە چەند سەدەیەک بەر لەوەی مەسیح ئەم ڕاسپاردە مەزنەمان پێ بدات، خودا لەبارەی مەسیحەوە چ بەڵێنێکی بە ئیشایا داوە؟ خودا فەرمووی: «ئەمە شتێکی کەمە بۆ تۆ کە بەندەی من بیتبۆ هەستانەوەی هۆزەکانی یاقوب و بۆ گەڕانەوەی ئەوانەی کە لە ئیسرائیل ئەوانم پاراست، بەڵکو دەتکەمە ڕووناکی بۆ نەتەوەکان تاکو ڕزگاریم بەوپەڕی زەوی بگەیەنیت» (ئیشایا ٤٩: ٦).

یەکەم ئایەتی ئینجیلی مەتا، باسی ئەم بەڵێنە کۆنەی ئیشایا دەکات بە گەڕانەوەی زیاتر بۆ دواوە بۆ ئیبراهیم. (مەتا ١: ١) بە عیسا دەڵێت کوڕی ئیبراهیم کە بەڵێنی بنەڕەتیی خودامان بۆ ئیبراهیم وەبیر دێنێتەوە: «جا دەتکەمە نەتەوەیەکی مەزن، ... هەموو نەتەوەکانی سەر زەویش لە ڕێگەی تۆوە بەرەکەتدار دەبن» (پەیدابوون ١٢: ٢-٣).

بە واتایەکی دیکە، شایەتیی کتێبی پیرۆز جێگیر و نەگۆڕە: خودا هەمیشە پلانی هەبووە کە ڕزگاری بە هەموو سەر زەوی بگەیەنێت - هەموو گەل و نەتەوەکان.

لـە کۆتـا ئایەتەکانـی ئینجیلـی مەتـادا دەبینیـن کـە قوتابییـەکان لەسـەر کێوێـک لەگەڵ عیسـا وەسـتاون، فێـر دەبـن کـە بەڵێنـی خـودا بـە ئیبراهیـم بـۆ بەرەکەتدارکردنـی سـەر زەوی، لێـرەدا دەگاتـە لوتکـە. بـەم جـۆرە خـودا بەڵێنەکـەی بـۆ ئیبراهیـم دێنێتـە دی. بـەم جـۆرە هەمـوو گـەل و نەتەوەکانـی سـەر زەوی بەرەکەتـدار دەبـن. هەمـوو قوتابییـەکان بەرپرسیار دەبـن لـەوەی کـە پەیامـی مزگێنیـی مەسیح بـە گوێـی هەمـوو گـەلان دەگات، وە هەمـوو قوتابییەکانـی عیسـا بانـگ دەکرێـن بـۆ ئـەوەی هەمـوو ڕاسپاردەکانی عیسـا بەجـێ بگەیەنـن. لەبەرانبـەر ئـەم کارە قورسـەدا، عیسـا بەڵێنیـان پێـدەدات کـە ئـەو ئێسـتا کـە خاوەنـی هەمـوو دەسـەڵاتێکەوە، هەتـا کاتـی گەڕانـەوەی لـە ئاسـمان لەگەڵیـان دەبێـت.

ئایـا ئـەم بەڵێنـە تەنهـا قوتابییـە سـەرەتاییەکان دەگرێتـەوە؟ نەخێـر، عیسـا دەیزانـی کـە پێـش گەڕانـەوەی ئـەو لـە ئاسـمان، ئـەو قوتابییانـە کۆچـی دوایـی دەکـەن.

عیسـا بەڵێنـی دا کـە بـۆ هەتاهەتایـە لەگەڵیـان دەبێـت، بـۆ ئـەوەی ئێمـە بزانیـن کـە ئـەم بەڵێنـە بـۆ ئێمەشـە. عیسـا دەیزانـی کـە لـەدوای نەمانـی ئـەو گروپـە، ئـەو نـەوە لـەدوای نـەوە بـەردەوام دەبێـت لـە کارەکـەی. ئێمـەش بەڵێنـی ئامادەبوونـی عیسامان وەرگرتـووە.

ئەم نێردراوییێتییە بۆ ئێمەیە!

کڵێسا چییە؟

وە ئـەو بەڵێنـە تەنهـا بـۆ ئێمـەی تاکـی بـاوەڕدار نییـە. بـۆ کڵێسـا و ئەندامانـی کڵێساشـە.

کڵێسـا چییـە؟ جەسـتەی ئـەو باوەڕدارانەیـە کـە بـەردەوام لـە دەوری یەکـتر کـۆ دەبنـەوە، وشـەی خـودا بەدروسـتی ڕادەگەیەنرێـت، وە لەئاوهەڵکێشـان و خوانـی پـەروەردگار بـە دروسـتی بەڕێوەدەبردێـت.

با ئەوە ڕوون بکەمەوە. یەکەم، کڵێسا ئەو شوێنەیە کە وشەی خودا بەدروستی ڕادەگەیەنرێت. هەر چۆنێک بێت، ئێمە بە ڕاگەیاندنی وشەی خودا ڕزگارمان بووە. خودا لە ڕێگەی وشەکەیەوە، گەلی خۆی دروست کردووە: «» (ڕۆما ١٠: ١٧). وەکو ئەوە وایە کە تەواوی جیهان کۆ دەبنەوە. ئینجا کەسێک باسی بەڵێنەکانی خودا دەکات، هەندێک کەس سەر بەرز دەکەنەوە و دەسوڕێنەوە و بەرەو ئاراستەی ئەو بەڵێنانە هەنگاو دەنێن. گوێ لە بەڵێنەکان دەگرن و باوەڕ دەکەن. ئەو وشانەی کە ڕاگەیەنراون، بناغەی کڵێسایە.

بەڵام دووەم، کڵێسا ئەو شوێنەیە کە ڕێوڕەسمەکان بەدروستی بەڕێوەدەبردرێت. هەر چۆنێک بێت، کڵێسا نیشان دەکەن. ئەو ڕێوڕەسمە نابنە هۆی ڕزگاربوونمان، بەڵکو نیشانەی مزگێنین و بەکایاندەهێنین بۆ پشتڕاستکردنەوەی ئەوانەی کە سەربە مزگێنیی مەسیحن. لە ڕێگەی ئەو ڕێوڕەسمانەوە، کۆبوونەوەی کڵێسا بەرپرسیاریەتییان لەنێو یەکتردا بەجێ دەگەیەنن.[a]

هەندێ کات خەڵکی دەڵێن کە کڵێسا خەڵکە نەک شوێن. لەڕاستیدا جۆرێک لە شوێن پێویستە: پێویستت بە کۆبوونەوەی باوەڕدارانە. ئینجا پێویستت بەوەیە کە لەو کۆبوونەوەیەدا وشەی خودا ڕابگەیەنرێت و ڕێوڕەسمەکان بەڕێوەببردرێن بۆ ئەوەی ببێت بە کڵێسا نەک تەنها کۆبوونەوەیەکی ئاسایی باوەڕداران. وشەی خودا دەمانکاتە گەلی مەسیح و ڕێوڕەسمەکان نیشانەمان دەکات.

کەواتە، جارێکی دیکە بیر لە چوار فەرمانەکەی نێردراوێتییە مەزنەکە بکەوە: بڕۆ، قوتابی دروست بکە، لە ئاو هەڵبکێشە و فێر بکە. کێ هەموو ئەوانە دەکات؟ کێ باوەڕداران دەنێرێت بۆ ئەوەی بڕۆن و قوتابی دروست بکەن؟ کڵێسای ناوخۆیی. وە کێ لە ڕێگەی لەئاوهەڵکێشانیانەوە، بە باوەڕدار ناوزەدیان دەکات و لە ڕێگەی فێرکردنیانەوە یارمەتی گەشەکردنیان دەدەن؟ کڵێسای ناوخۆیی ئەو کارە دەکات.

---

a بڕوانە کتێبەکانی بۆبی جامیسۆن لە زنجیرەی بنەماکانی کڵێسا بە ناوەکانی «تێگەیشتن لە لەئاوهەڵکێشان لەگەڵ تێگەیشتن لە خوانی پەروەردگار».

کڵێسا ناوخۆیی ئەو ڕێگا ئاساییە کە خودا پێی بەخشیوین بۆ ئەوەی نێردراوییەتییە مەزنەکە ئەنجام بدەین. ئەوە پەیامی ئەم کتێبەیە.

ئەم کتێبە بە کەڵک تۆ دێت؟

ئەم کتێبە بۆ کێ نووسراوە؟ بۆ هەموو باوەڕدارێک نووسراوە، بەتایبەتی باوەڕدارە نوێیەکان. دەڕوانینە کتێبی پیرۆز، بەتایبەتی بەشەکانی سەرەتا، وە هەوڵ دەدەم هەندێک بەردی بناغەت بۆ دابین بکەم لەبارەی چۆنیەتی تێگەیشتنت لە باوەڕت پەیوەست بە نێردراوییەتییە مەزنەکە و کڵێساکەت.

هەندێک لە بەشەکانی کۆتایی ئەم کتێبە، زۆرتر پەیوەندی بە ڕابەرانی کڵێساوە هەیە. هەرچەندە ئەوە ڕابەرانن کە دەسەڵاتی بەڕێوەبردنی بەرنامە و پلانەکانی کڵێسایان هەیە، بەڵام لە کۆتاییدا ئەوە گەلی پیرۆزی خودان کە دەبێت لە مەبەستی عیسا تێبگەن کاتێک فەرمووی بڕۆن و قوتابی دروست بکەن و لە ئاو هەڵبکێشن و فێر بکەن. عیسا ئەو نێردراوییەتییەی بە هەمووان داوە؛ بە تۆی داوە. دەبێت دید و ڕوانگەی عیسا لەگەڵ کەسانی دیکەدا بەش بکەیت. بەڕاستی تۆ دەبێت ئەو کارە بکەیت؟

بەشی دووەم

وشەی خودا، گەلی خودا

زۆر کەس بانگەشەی ئەوە دەکەن کە خودایان خۆشدەوێت و تەنانەت پەیوەندییان لەگەڵی هەیە، بەڵام لەگەڵ ئەوەشدا حەزیان لە وشەی خودا نییە، کە لە شەست و شەش کتێبی پەیمانی کۆن و نوێ پێکدێت. بە ڕای تۆ هاوسەرەکەم چی دەڵێت ئەگەر من بانگەشەی ئەوە بکەم کە خۆشم دەوێت لە کاتێکدا هیچ بایەخێک بە قسەکانی نەدەم؟

خۆشویستنی وشەی خودا پێوانەی خۆشویستنی خودایە. لەڕاستیدا ئەوەیە جیاوازیی نێوان گەلی خودا و جیهان: گەلی خودا لە ڕێگەی کتێبی پیرۆزەوە لەدەوری وشەی خودا کۆ دەبنەوە. گوێی لێ دەگرن، بە قسەی دەکەن و خۆشیان دەوێت (زەبووری ١١٩).

لە بەشی کۆتاییدا، بەتایبەتی تیشکم خستووەتە سەر کڵێسای ناوخۆیی. گوتوومە کە کڵێسای ناوخۆیی کۆبوونەوەی خەڵکە کە وشەی خودا بەدروستی ڕادەگەیەنرێت و ڕێوڕەسمەکان بەدروستی بەڕێوەدەبردرێن.

ئێستا دەمەوێت بگەڕێمەوە دواوە و لە سەرەتاوە هەتا کۆتایی تەماشای تەواوی کتێبی پیرۆز بکەم. دەبینین کە تەواوی کتێبی پیرۆز تیشکی خستووەتە سەر ئەوەی کە خودا لە ڕێگەی وشەکەیەوە خۆی دەردەخات بۆ ئەوەی گەلێک بۆ خۆی کۆ بکاتەوە.

وشەی خودا

خـودا دەیەوێـت خـۆی دەربخـات و خەڵکـی متمانـەی پـێ بکـەن. ئـەوە مەبەسـتی پەیمانـی کـۆن و نوێیـە. خـودا بەڵێـن دەدات و بەڵێنەکانـی جێبەجـێ دەکات و ئێمـەش دەبێـت بـە متمانـەوە وەڵامـی بدەینـەوە.

ئـەوە وشـەی مزگێنیـی خـودا بـوو لـە بەشـی یەکـدا بینیـمان کـە گەلـی خـودا ڕزگار و دروسـت دەکات. پۆڵـس لەبـارەی مزگێنییـەوە دەڵێـت: «هێـزی خودایـە بـۆ ڕزگاربوونـی هەمـوو ئەوانـەی بـاوەڕ دەهێنـن» (ڕۆمـا ١: ١٦).

کەواتـە، وشـەی خـودا دێـت بـەڵام بـە ئاڵنـگارەوە دێـت: ئایـا بـاوەڕی پـێ دەکەیـت و تـەواوی ژیانتـی دەدەیتـە دەسـت؟

لـە تـەواوی کتێبـی پیـرۆزدا ئـەم ئاڵنـگارە دەبینیـن. خـودا لە ڕێگـەی قسـەکردن لەگەڵ ئـادەم، نـوح، ئیبراهیـم و موسـا خـۆی دەرخسـت. وە خـودا ئـەو کەسـانەی خۆشـدەوێت کـە وەکـو ئیبراهیـم گـوێ لـە وشـەکەی دەگـرن و بـاوەڕی پـێ دەکات (ڕۆمـا ٤)؛ واتـە ئـەو کەسـەی کـە کاری پـێ دەکات.

یـان بیـر لـە دانایـی سـیپارەی پەندەکانـی سـلێمان بکـەوە. دانایـی خـودا دێـت، ڕاسـتی لەخـۆ دەگرێـت، بانگهێشـتمان دەکات کـە بـاوەڕی پـێ بکەیـن و قبوڵـی بکەیـن و کاری پـێ بکەیـن. ئایـا وەکـو کـوڕە ژیرەکـە یـان کـوڕە گێلەکـە دەجوڵێینـەوە؟

خـودا وشـە و بەڵێنەکانیـمان پـێ دەبەخشـێت، ئێمـەش دەبێـت بـە متمانەکـردن بـە وشـەکانی و باوەڕکـردن بـە بەڵێنەکانـی وەڵامـی بدەینـەوە. ئـادەم و حـەوا لـە باخچـەی عـەدەن نەیانتوانـی بـاوەڕ و متمانـە بـە خـودا بکـەن. عیسـا لـە ڕێگـەی ژیـان و تەنانەت لـە باخـی گەتسـیمانیدا، بەتـەواوی بـاوەڕ و متمانـەی بـە خـودا کـرد. ئێمـەش دەتوانیـن پەیوەندیـمان لەگـەڵ خـودا هەبێـت، کـە لەڕاسـتیدا بـۆ ئـەوەی دروسـت کراویـن، لـە ڕێگـەی بیسـتن و باوەڕکـردن بـە وشـەی خـودا.

ئەمـە بنچینـەی باوەڕداربوونـە. کتێبـی پیـرۆز دەڵێـت کـە هەمووـمـان سـەرپێچیی وشـەی خودامـان کـرد و فەرمانەکانیـمان پشـتگوێ خسـت. وە لەبـەر ئـەوەی کـە ئـەو خودایەکـی باشـە، سـزای گوناهەکانمـان دەدات. تاکـە ئومێدمـان بـۆ ڕزگاربـوون لـە دەسـت سـزاکانی، چاککردنـی ژیانمـان نییـە، چونکـە ئـەوە هیـچ شـتێک لـە حاڵـی ئـەو گوناهانەمـان ناگۆڕێـت کـە پێشـتر ئەنجامـان داوە. دەبێـت ڕزگارکـەر و جێگرەوەیەکمان هەبێـت - کەسـێک کـە سـزای خـودا بـە ئەسـتۆ بگریـت. وە ئـەوە ڕێـک ئـەو شـتەیە کـە عیسـای پـەروەردگار ئەنجامـی دا. عیسـا لـە تـەواوی ژیانتـدا متمانـە و بـاوەڕی بـە وشـەی خـودا کـرد. وە لەسـەر خـاچ لەپێنـاو گوناهـی ئـەو کەسـانەدا گیانـی سـپارد کـە پشـت لـە گوناهەکانیـان دەکات و ڕوو لـەو و وشـەکەی دەکـەن.

گەلی خودا

ئێسـتا دەبێـت ئـەم پرسـیارە بکەیـن: ئـەو کەسـانە کێـن کـە خـودا فەرمـووی ڕزگاریـان دەکات بـۆ خـۆی؟ مەبەسـتی لـە ڕزگارکردنـی تاکـەکان بـوو؟ نەخێـر، مەبەسـتی لـە ڕزگارکردنـی گـەڵ و نەتـەوە بـوو.

ئـەوەی کـە گرنگـە بیزانیـن ئەوەیـە کـە جیـاوازی گەلـی خـودا لەگـەڵ جیهـان ئەوەیـە کـە ئـەوان گـوێ لـە دەنگـی خـودا دەگـرن و لـە دەوری وشـەکەی کـۆ دەبنـەوە. نـوح گوێـی لـە خـودا گـرت کاتێـک فەرمانـی بـە دروسـتکردنی کەشـتییەکە دا. ئیبراهیـم گوێـی لـە وشـەی خـودا گـرت و شـوێن خـودا کـەوت بـۆ خاکێکـی نـوێ. گەلـی ئیسرائیـل دەبـوا لـە هەمـوو گەلانـی جیهـان جیاوازتـر بێـت بەهـۆی گوێڕایەڵییـان بـۆ دە فەرمـان یـان ڕاسـپاردەکەی موسـا.

هەمـان چیـرۆک پەیمانـی نوێـش دەگرێتـەوە. لـە بەشـەکانی داهاتـوودا سـەیری ئینجیـل و نامەکانـی پەیمانـی نـوێ دەکەیـن. بـۆ ئێسـتا بڕۆینـە سـەر ئاشـکراکردن کـە کۆتـا سـیپارەی پەیمانـی نوێیـە. لەوێـدا دەبینیـن کـە پێشـبینی (مەتـا ٢٨) لـە کڵێسـا ئاسـمانییە مەزنەکـەدا دێتـە دی. ئەگـەر تـۆ شـوێنکەوتووی مەسـیحیت، ئـەوا ڕۆژێـک

لـەم کۆبوونـەوە ئاسـمانییەدا کـۆ دەبیتـەوە کـە وێنەیەکـی خێـرای بـە یۆحەنـای نێـردراو درابـوو:

«پـاش ئەمـە سـەیرم کـرد ئاپۆرەیـەک لـە خەڵکم بینـی لـە هەمـوو نەتـەوە و هـۆز و گـەل و زمانێـک کـە لـە ژمـارە نەدەهـات، لەبـەردەم تەختەکـە و بەرخەکە ڕاوەسـتابوون، جلـی سـپییان لەبـەردا بـوو و لقـە دار خورمایـان بەدەسـتەوە گرتبـوو، بـە دەنگێکـی بـەرز هاواریـان دەکـرد و دەیانگـوت: «ڕزگاری هـی خودامانـە، کـە لەسـەر تەختەکـە دانیشـتووە و هـی بەرخەکەیـە»» (ئاشـکراکردن ٧: ٩- ١٠).

لێرەدا کۆمەڵێـک خەڵکـی زۆرمـان لـە سەرتاسـەری جیهـان هەیـە کـە بـۆ هەتاهەتایـە شـایەتی بـۆ دڵسـۆزیی خـودا دەدەن. ئەمانـە ئـەو کەسـانەن کـە باوەڕیـان بـە وشـەی خـودا کـردووە. هەندێکیـان لەبـەر وشـەی خـودا چەوسـاونەتەوە (ئاشـکراکردن ٦: ٩؛ ٢٠: ٤). وە خـودی عیسـا وەکـو وشـەی خـودا نـاوی هاتـووە (ئاشـکراکردن ١٩: ١٣). ئـەم کۆبوونەوەیـە ئـەو شـوێنەیە کـە ئێمـە بـۆی دەڕۆیـن! بەڕاسـتی زۆر خۆشـە کـە دەزانیـن نێردراوییێتییـە مەزنەکـە ئیشـی خـۆی دەکات!

خـودا کۆمەڵگەیەکـی دەبێـت کـە دەیناسـن و ستایشـی دەکـەن. ئەمـە وێنـەی گـەورەی کتێبـی پیـرۆزە. لـە سـەرەتادا خـودا لـە وشـەکەیدا خـۆی دەردەخـات و لـە کۆتاییـدا گەلێـک دەیناسـن و متمانـەی پـێ دەکـەن و ستایشـی دەکـەن.

با بگەڕێینەوە سەر کڵێسا و نێردراوییێتییەکە

ئێسـتا سـەرنجە گشـتییەکەمان لەسـەر کتێبـی پیـرۆز لادەبەیـن و بەتایبەتـی سـەرنج دەخەینـە سـەر کڵێسـای ناوخۆیـی. چـی دەدۆزینـەوە؟ ئـەم پرسـیارە دەمانباتـە نێـو چەنـد بەشـی داهاتـووەوە. بـەڵام پێناسـەی کڵێسـات بیـر نەچێـت کـە کۆبوونـەوەی خەڵکـە لەسـەر هاوبەشـیکردنی ئـەو متمانەیـەی بـە وشـەی خـودا هەیانـە. وێنـەی پێشـوەختی ئـەو کۆبوونـەوە مەزنەیـە کـە لـە سـیپارەی ئاشـکراکردندا هاتـووە. هەمـوو کۆبوونەوەیەکـی کڵێسـایەک یناوخۆیـی تایبەتمەندییەکانـی هەمـوو نەتـەوە و هـۆز و

گەل و زمانێکی نییە وەکو ئەو کۆبوونەوەیەی لە کۆتایی زەمانەدا دەیبینین. بەڵام ئەوان دەستپێکن و ئێمە یەکەم بەرهەم دەبینین. زستان کۆتایی هاتووە و خونچەی بەهارە سەریهەڵداوە. بوەستە و ببینە!

هەروەها نێردراوییێتییە مەزنەکە داومان لێ دەکات کە وشەی خودا بگەیەنینە دەست نەتەوەکان و گەلەکەی کۆ بکەینەوە. داوامان لێ دەکات نەتەوەکانی دیکە بکەینە قوتابی بۆ ئەوەی ئەوانیش باوەڕ بهێنن و بێنە ژوورەوە.

بەشی سێیەم
خۆشەویستیی ئاسمان، ڕاستیی ئاسمان، گەلی ئاسمان

ئەوە دوو دەیە دەبێت کە لە ویلایەتی واشنتن دی. شوان و قەشەی کڵێسام. ئەو چەند دەورەی هەڵبژاردنە؟ لەو کاتەوەی کە من دەستبەکار بووم، چەندین ژێنراڵ و ڕۆژنامەنووس و سیناتۆر و ئەندام پەڕلەمان هاتوون و ڕۆیشتوون.

شتێکی ناباو نییە کە گەنجێک بێت و دید و بۆچوونی گەورەی لەمەڕ گۆڕانکارییەوە هەبێت. وە سیاسەتوانە باوەڕدارەکان دەبێت لەپێناو گۆڕانکاریی باشدا بجەنگن. ئەمە یەکێک لە ڕێگاکانی خۆشویستنی ئەوەی لێتەوە نزیکە و دراوسێتە. کێشەکە ئەو کاتە دێتە ئاراوە کە خەڵکی هەوڵ دەدەن دەزگاکانی دەوڵەت بەکاربهێنن - هێزی شمشێر - بۆ ئەوەی بەهەشت بهێننە سەر زەوی. ئەگەر ڕەشبینی تایبەمەندیی سیاستوانەکانی نەوەی پێشتر بووبێت، ئەوا ئەم نەوە گەنجەی ئێستا زیاتر شوێن خەیاڵباوەڕی (خەیاڵپەرستی) دەکەون. سەرەڕای ئەو ڕاستییەی کە خەیاڵباوەڕی سەرچاوەی هەندێک لە کارە هەرە خراپەکانی مێژووی مرۆڤایەتی بووبێت، لە بنەڕەتدا بە هەڵە لە پلانی خودا بۆ مێژووی مرۆڤایەتی تێگەیشتووە. هیچ ئایەتێک لە پەیمانی نوێدا نەهاتووە کە بڵێت سوپاس بۆ کارەکانی سەرۆکەکان و سەرۆک وەزیران، دەبێت چاوەڕێی هاتنی شانشینی مەسیح و جێبەجێبوونی خواست و ویستی لەسەر زەوی وەکو لە ئاسمان بین.

بەڵام شوێنێک هەیە کە دەبێت بەدوای یەکەم بەرهەمی ئاسمان لەسەر زەویدا بگەڕێین. بیرتە کە بە چ شتێک کۆتاییم بە بەش دوو هێنا؟ گوتم کە کڵێسای ناوخۆیی دەرخستنی ئەو کۆبوونەوە مەزنەیە کە لە سپیارەی ئاشکراکردندا هاتووە.

لەوێدایە کە یەکەم دیمەنی خونچەی بەهارەی ئاسمان دەبینین.

لە کۆتا بەشدا، لە پەیمانی کۆنەوە بازمان دایە سەر سیپارەی ئاشکراکردن و باسی کۆبوونەوە مەزنە شکۆدارەکەمان کرد کە باوەڕدارانی نەتەوە و هۆز و زمانە جیاوازەکان لە دەوری یەکتر کۆ دەبنەوە؛ واتە، باسی ئینجیلەکان و کرداری نێردراوان و نامەی نێردراوانمان نەکرد. دەبێت ئاماژەی پێ بکەین.

بە عیسای مەسیح دەستپێدەکەین. عیسا چۆن لە کڵێسا دەڕوانێت؟ عیسا داوای کردووە کڵێسا چی بکات و چۆن بێت؟ عیسا بەتەواوی کڵێسای خۆش دەوێت. وەکو چۆن عیسا نوێنەرایەتی ئاسمانی لەسەر زەوی کرد، داوا لە کڵێسا دەکات هەمان کار بکات.

عیسا کڵێسای خۆشدەوێت

یۆحەنا گوتی کە عیسا هەتا کۆتایی کڵێسای خۆشویست، ڕێک پێش ئەوەی کە عیسا پێی قوتابییەکانی بشوات کە نیشانەی شۆردنێکی هەتاهەتاییە کە لە ڕێگەی مردنەکەیەوە ئەنجامی دەدات:

«ئەوانەی هی خۆی بوون لە جیهاندا خۆشی دەویستن، هەتا ئەوپەڕی خۆشویستن» (یۆحەنا ١٣: ١).

عیسا بە خوێنی خۆی کڵێسای کڕیوە (کرداری نێردراوان ٢٠: ٢٨).

عیسا کڵێسای بنیاد ناوە (مەتا ١٦: ١٨).

عیسا لە ڕێگەی هاندان و ئاگادارییەوە، قسە لەگەڵ کڵێسا دەکات، ڕێنماییان دەکات و خۆشەویستییان بۆ دەردەبڕێت (ئاشکراکردن ٢ - ٣).

لەڕاستیدا خۆشەویستیی عیسا بۆ کڵێسا نموونەیە بۆ شێوازی خۆشویستیی پیاوان بۆ هاوسەرەکانیان. پۆڵس دەڵێت:

«ئەی مێردەکان، ژنەکانتان خۆشبوێ، هەروەک مەسیحیش کڵێسای خۆشویست و لە پێناوی خۆی بەختکرد، تاکو پیرۆزی بکات و بە شوشتنی بە ئاو لە ڕێگەی وشەوە پاکی بکاتەوە، بۆ ئەوەی کڵێسایەکی شکۆدار بۆ خۆی ئامادە بکات، لەکە و لۆچ و هیچ شتێکی ئاوای نەبێت، بەڵکو پیرۆز و بێ کەموکوڕی بێت. بە هەمان شێوە پێویستە پیاوان ژنەکانیان وەک جەستەی خۆیان خۆشبوێت، ئەوەی ژنی خۆی خۆشبوێت خۆی خۆشدەوێ. کەس ڕقی لە جەستەی خۆی نابێتەوە، بەڵکو نانی دەدات و بەخێوی دەکات، هەروەک چۆن مەسیح بایەخ بە کڵێسا دەدات، چونکە ئێمە ئەندامی جەستەی ئەوین. لەبەر ئەوە پیاو دایک و باوکی خۆی بەجێدەهێڵێت و بە ژنەکەیەوە دەنووسێت، ئیتر هەردووکیان دەبنە یەک جەستە. ئەمە نهێنییەکی گەورەیە، بەڵام من باسی مەسیح و کڵێسا دەکەم. ئێوەش با هەر یەکێکتان ژنەکەی وەک خۆی خۆشبوێ، ژنیش ڕێز لە مێردەکەی بگرێت» (ئەفەسۆس ٥: ٢٥- ٣٣).

عیسا ژیانی خۆی لەپێناو کڵێسادا دانا. داوای پیرۆزیی کڵێسا دەکات و بە وشەی خودا پاکی دەکاتەوە. ئەو پێداویستییەکانی کڵێسا دابین دەکات و بایەخی پێدەدات. عیسا کڵێسای وەکو جەستەی خۆی خۆشدەوێت.

دەرخستنی خۆشەویستیی ئاسمان

عیسا هێندە کڵێسای خۆشدەوێت کە دەیەوێت پەیوەستی بکات بەخۆیەوە. یەکێک لە واتاکانی ئەمە ئەوەیە کە خۆشەویستیمان بۆ یەکتر لە کڵێسا دەبێت وەکو خۆشەویستیی عیسا بێت. «یەکتریتان خۆشبوێ. وەک خۆشمویستن، ئێوەش بەو جۆرە یەکتریتان خۆشبوێ. بەمە هەموو خەڵک دەزانن کە قوتابی منن، ئەگەر خۆشەویستیتان بۆ یەکتری هەبێت» (یۆحەنا ١٣: ٣٤- ٣٥). دەبێت کڵێسا خۆشەویستیی ئاسمان نیشان بدات. ئەم خۆشەویستنەی یەکتر تایبەتە بە قوتابییەکانی مەسیح. بەو شێوەیە گەل و نەتەوەکان دەزانن کە ئێمە سەربە مەسیحین.

بـەڵام نابێـت تەنها باوەڕدارەکانـی دیکەمـان خۆشـبوێت. ئێمـە دەتوانیـن لـە ڕێگـەی خۆشویسـتنی بـێ باوەڕانیشـەوە خۆشەویسـتیی خـودا دەربخەیـن. عیسـا خۆشویسـتنی دراوسـێ و نزیکەکـەت پەیوەسـت دەکات خۆشویسـتنی خـوداوە. «چ ڕاسـپاردەیەک لـە هەموویـان گرنگـترە؟ عیسـا وەڵامـی دایـەوە: لـە هەموویـان گرنگـتر ئەمەیـە: ئـەی ئیسرائیـل گـوێ بگـرن، یەزدانـی پەروەردگارمـان یـەک یەزدانـە، جـا بـە هەمـوو دڵ و بـە هەمـوو گیـان و بـە هەمـوو بیـر و بـە هەمـوو تواناتانـەوە یەزدانـی پەروەردگارتـان خۆشـبوێ. لـەدوای ئەویـش ئەمەیـە، نزیکەکـەت وەک خـۆت خۆشـبوێت» (مەرقـۆس ١٢: ٢٨- ٣١). خۆشویسـتنی خـودا توخمێکـی ئاسـۆیی پێویسـت دێنێتـە کایـەوە. دەکرێـت کاتێکـی خـۆش و بێدەنگـت هەبێـت، بـەڵام ئەگـەر ئـەو کاتـە خـۆی لـە شـێوازی هەڵسوکەوت لەگـەڵ کەسـانی دیکـەدا نەبینێتـەوە، ئـەوا کێشـەیەک هەیـە. ئێمـەی بـاوەڕدار نابێـت تەنهـا لـە ڕێگـەی گۆرانـی ڕۆحییـەوە خۆشەویسـتیمان بـۆ خـودا دەرببڕیـن، هـەر چەنـدە گۆرانـی ڕۆحـی شـتێکی زۆر باشـە. هەروەهـا دەبێـت لـە ڕێگـەی خۆشویسـتنی کەسـانی دیکەشـەوە ئـەو کارە بکەیـن.

دەبێـت کڵێسـا ناوەنـد و چەقـی ئـەو جـۆرە خۆشەویسـتییە بێـت. خۆشەویسـتیی ئاسـمان لـە کڵێسـادا دەردەکەوێـت، یەکـەم جـار لـە ڕێگـەی ڕاگەیاندنـی خۆشەویسـتیی مەسـیح بـۆ ئێمـە لـە ئینجیلـی پیـرۆزدا، دووەم جـار لـە ڕێگـەی خۆشەویسـتیی ئێمـە بـۆ بـاوەڕدار و بێبـاوەڕ.

پشتڕاستکردنەوەی ڕاستیی ئاسمان و گەلی ئاسمان

لەبـەر ئـەوەی کـە عیسـا دەیەوێـت لەگـەڵ ئـەم خەڵکـەدا ببێتـە یـەک و دەیەوێـت بـەو جـۆرە یەکتریـان خۆشـبوێت کـە ئـەو خەڵکـەی خۆشـدەوێت، مایـەی سەرسـامی نییـە کـە دەیەوێـت بـە نـاوی ئـەوەوە بانـگ بکرێـن. دەیەوێـت بـە شـێوەیەکی ڕەسـمی بناسرێنـەوە کـە سـەربە ئـەون.

لەبـەر ئەمەیـە کـە عیسـا لـە نێردراوییێتییـە مەزنەکـەدا فەرمان بـە هەمـوو قوتابییەکان

دەدات بە ناوی باوک و کوڕ و ڕۆحی پیرۆزەوە لە ئاو هەڵبکێشرێن؛ وە سیپارەی کرداری نێردراوانیش چەندین جار باسی لەئاوهەڵکێشانی بە ناوی عیساوە کردووە. وەکو ئەوەیە کە عیسا بیەوێت ئێمە ناوی ئەو هەڵبگرین و بە ناوی ئەوەوە خۆمان بناسێنین! دەیەوێت کە خەڵکی بەهۆی ئەوەوە ئێمە بناسنەوە.

ئەوەت بیر نەچێت کە عیسا ئەو کەسەیە کە هەموو دەسەڵاتێکی لە ئاسمان و لەسەر زەوی هەیە. دەبێت قوتابییەکان بیریان لە چی کردبێتەوە کاتێک کە عیسا وای پێ گوتوون! ئایا دەبێت ناومان لەگەڵ ئەو کەسەدا بێت کە دەسەڵاتی خودای هەیە؟

زۆر جار باوەڕداران فەرمانی لەئاوهەڵکێشان بە تەنها دەخوێننەوە، بەڵام ئەوە دروست نییە. دەبێت لەگەڵ (مەتا ١٦ و ١٨)دا بیخوێنینەوە، کە پێشوەخت عیسا بەرپرسیاریەتی و دەسەڵاتی بە نێردراوان و دواتر بە کڵێسای ناوخۆیی دابوو. کێ دەسەڵاتی لەئاوهەڵکێشانی خەڵکی و پشتڕاستکردنەوەی باوەڕ بە مەسیحی هەیە؟ لە حاڵەتی ئاساییدا، کڵێسای ناوخۆیی ئەو دەسەڵاتەی هەیە.

پەترۆس لە سیپارەی مەتا دان بە مەسیحبوونی عیسادا دەنێت و دەڵێت کە عیسای مەسیح کوڕی خودای زیندووە. عیساش لە وەڵامدا فەرمووی:

«شیمۆنی کوڕی یۆنا، خۆزگەت پێ دەخوازرێت، چونکە گۆشت و خوێن ئەمەیان بۆت ئاشکرا نەکرد، بەڵکو ئەو باوکەم کە لە ئاسمانە. منیش پێت دەڵێم، تۆ پەترۆسی و لەسەر ئەم بەردە کۆمەڵەی خۆم بنیاد دەنێم کە دەروازەکانی دۆزەخ پێی ناوێرێت. کلیلەکانی شانشینی ئاسمانت دەدەمێ، ئەوەی تۆ لەسەر زەوی دایبخەیت، لە ئاسماندا داخراو دەبێت، ئەوەی تۆ لەسەر زەوی بیکەیتەوە، لە ئاسماندا کراوە دەبێت» (مەتا ١٦: ١٧- ١٩).

عیسا لە جێگەی خودا لە ئاسمان، پەترۆس و وەڵامەکەی پەترۆسی پشتڕاست کردەوە. ئینجا کلیلەکانی شانشین دەدات بە کڵێسا بۆ ئەوەی لە جێگەی ئاسمان

هەمان جۆر پشتڕاستکردنەوە بکەن. پەترۆس و نێردراوانی دیکە دەسەڵاتی ئاسمانیان دەبێت کە دانپێدانان و دانپێدانراوانی ئینجیل پشتڕاست بکەنەوە، وەک چۆن عیسا لەگەڵ پەترۆسدا کردی.

لەوە سەرسامکەرتر ئەوەیە کە عیسا لە (مەتا ١٨) هەمان دەسەڵاتی بە کڵێسای ناوخۆیی داوە. ئەگەر کەسێک کە خۆی بە باوەڕدار دەزانێت و چەندین جار بەهۆی گوناهێکەوە کە تۆبەی لێ نەکردووە ڕووبەڕووی بووبێتنەوە، ئەوا بەپێی وتەی عیسای مەسیح، کڵێسا دەبێت ئەو باوەڕدارە هەڵبسەنگێنێت و ئەگەر لە گوناهەکەی پاشگەز نەبێتەوە، وەکو بێ باوەڕ مامەڵەی لەگەڵ بکات:

«ئەگەر بەگوێی کڵێساشی نەکرد، ئەوا بە بتپەرست و باجگری دابنێ. ڕاستیتان پێ دەڵێم: ئەوەی ئێوە لەسەر زەوی دایبخەن، لە ئاسمانیش داخراو دەبێت، ئەوەی لەسەر زەوی بیکەنەوە، لە ئاسمانیش کراوە دەبێت» (مەتا ١٨: ١٧- ١٨).

کڵێسا دەسەڵاتی ئەوەی هەیە کە وەکو بێ باوەڕ مامەڵە لەگەڵ ئەو کەسەدا بکات چونکە خاوەنی کلیلەکانی داخستن و کردنەوەن. وەکو چۆن ئەو کلیلانە بەکاردێن بۆ پشتڕاستکردنەوەی دانپێدانان و دانپێدانەرێکی ڕاستەقینەدا، بە هەمان شێوە بەکاردێت بۆ ڕەتکردنەوەی دانپێدانان و دانپێدانەرێکی ناڕاستدا.

بۆچی دەڵێم بە شێوەیەکی ئاسایی، کڵێسای ناوخۆیی دەسەڵاتی لەئاوهەڵکێشانی هەیە؟ لەبەر ئەوەی (مەتا ١٦ و ١٨) پێمان دەڵێت کە کڵێسای ناوخۆیی کلیلەکانی مەسیحیان هەیە. ئەوان دەسەڵاتی پشتڕاستکردنەوەی دانپێدان و دانپێدانەری ڕاستەقینە و دروستیان هەیە، وەک چۆن عیسا لەگەڵ پەترۆس کردی. هەروەها دەسەڵاتی ڕەتکردنەوەشیان هەیە، بەو جۆرەی کە عیسا ڕێنمایی کڵێساکان دەکات لە حاڵەتی تەمبێکردنی کڵێساییدا بیکەن. عیسا (مەتا ١٨) دەفەرموێت: «لە هەرکوێیەک دوو یان سێ کەس بە ناوی منەوە کۆببنەوە، من لەوێ لەنێوانیاندا دەبم» (ئایەتی ٢٠). کێ دەسەڵاتی ئەوەی هەیە بە ناوی عیساوە باوەڕداران لە

ئـاو هەڵبکێشـێت؟ ئەوانـەی کـە بـە نـاوی ئـەوەوە کـۆ دەبنـەوە. بەشـی هـەژدە دەڵێت کـە عیسـا لـەوێ دەبێـت، وە بەشـی بیسـت و هەشـت دەڵێـت کـە هەتـا کۆتایـی زەمانە لـەوێ دەبێـت.

بـە کورتـی و پوختـی، کڵێسـا دەسـەڵاتی ئـەوەی هەیـە کـە دان بـە ڕاسـتیی ئاسـماندا بنێـت و گەلـی ئاسـمان پشتڕاسـت بکاتـەوە، وە دەبێـت خۆشەویسـتیی ئاسـمان نیشـان بـدەن.

پەیوەستیی خودا بە بنیادنانی کڵێساوە

مەسـیح کڵێسـای خۆشـدەوێت. کاتێـک بـەرز کرایـەوە بـۆ ئاسـمان، ڕۆحـی پیـرۆزی نـارد بـۆ ئـەوەی دیـاری بـە کڵێسـا بـدات و بنیـادی بنێـت. بـاوک و کـوڕ و ڕۆحـی پیـرۆز پەیوەسـتن بـە کڵێسـاوە و سـوورن لەسـەر بنیادنانـی کڵێسـا.

کڵێسـا لـە بنەڕەتـدا بیرۆکـەی مـرۆڤ نەبـوو، یـان دروسـتکراوی دەسـتی مـرۆڤ نەبـوو، بەڵکـو بیرۆکـە و کاری خودایـە. دەتوانیـن بڵێیـن کـە خـودا دروسـتکەرێکی مەزنـی کڵێسـایە! داوای لـە قوتابییەکانـی کـردووە کـە بـە نـاوی ئـەوەوە کـۆ ببنـەوە، لـە ئـاو هەڵبکێشـن و وانەکانـی کتێبـی پیـرۆز فێـر بکـەن.

بۆیـە کاتێـک بەشـداری لـە کڵێسـایەکدا دەکەیـت، پێویسـت نـاکات نیگەرانـی ئـەوە بیـت ئاخـۆ لـە کۆتاییـدا بەکەڵـک دێـت یـان نـە. مەسـیح بەڵێنـی داوە کـە دەروازەکانـی دۆزەخ ناتوانـن دژی کڵێسـا بوەسـتنەوە. بەڵێنـی داوە کـە لـە کاتـی گەڕانەوەیـدا شـایەتی بـۆ خـۆی دەدات.

بەشی چوارەم

مزگێنی بدە، کڵێسایەک کۆ بکەوە

ئایا عیسا دەیەوێت کە کڵێساکان وەکو بەڕێوەبەرایەتیی هاتوچۆ مامەڵە لەگەڵ ژیانی باوەڕداراندا بکەن؟

کاتێک بەڕێوەبەرایەتیی هاتوچۆ مۆڵەتی شۆفێریت پێ دەدات، دەتوانیت بە ئۆتۆمبێل بڕۆیت بۆ هەر کوێ کە دەتەوێت. ئەوان بەرپرسیاریەتییەکەت پێدەدەن و دواتر هەموو شتێک لەسەر خۆتە. هەفتانە ئەوانەی کە بڕوانامەیان هەیە، لە دەوری یەکتر کۆ نابنەوە. پێویست ناکات ناوی شۆفێرەکانی دیکە بزانیت و بایەخ بە یەکتری بدەن. هیچ شوان یان قەشەیەکی تایبەت بە بواری شۆفێریمان نییە کە کارێک بکات بەردەوام زانیاریت لەسەر سەلامەتیی شۆفێری زیاد بکات.

بەڵام سەیرە کە هەندێک لە باوەڕداران بەم جۆرە لە نێردراوایێتییە مەزنەکە تێدەگەن: «بڕۆن قوتابی دروست بکەن، لە ئاویان هەڵبکێشن و فێری وشەی خودایان بکەن» دەبێتە «ئایینی خەڵکی بگۆڕن، بڕوانامەی لەئاوهەڵکێشانیان پێ بدەن و لێیان گەڕێن بڕۆن!» بێگومان، دەبێت خەڵکی چەند جارێک سەرێک لە کڵێسا بدەنەوە، وەکو چۆن دەبێت چەند ساڵ جارێک بڕۆی مۆڵەتی شۆفێرییەکەت نوێ بکەیتەوە. وە دەبێت بەردەوام بن لە خوێندنەوەی کتێبی پیرۆز و بەردەوام بن لە فێربوون. بەڵام هەموو ئەوانە کەوتووەتە سەر خۆیان.

لەمەڕ ئەو شێوازی نێردراوایێتییە کە لە مۆڵەتی شۆفێریی دەچێت، چەند شتێک هەیە کە دەبێت بیڵێین. یەکەم، ئەوە پشتگوێ دەخات کە نێردراوان لەدوای چوونی عیسا بۆ ئاسمان ئەنجامیان دا. دووەم، ئەو شتە پشتگوێ دەخات کە نێردراوایێتییەکە لەبارەی فێربوونەوە دەیڵێت. سێیەم، ئەو شتە پشتگوێ دەخات

کە نێردراوایێتییەکە لەبارەی گوێڕایەڵییەوە دەیڵێت. بەم شێوەیە دەزانیت کە لەم بەشەدا و لە دوو بەشی داهاتوودا باسی چی دەکەین.

مزگێنیی مەسیح بۆ کوێ بڕوات، کڵێسا لەوێ دەبێت

ئایا نێردراوان تەنها لە ڕێگەی مزگێنی و بەقوتابیکردنی تاکەکەسییەوە نێردراوایێتییە مەزنەکەیان جێبەجێ کرد؟ فەرمانی «هەموو نەتەوەکان بکەنە قوتابی» بەدڵنیاییەوە باسکردنی پەیامەکە لەخۆ دەگرێت. بەڵام نێردراوان ئەو کارەیان چۆن کرد؟

سەرنجی بڵاوبوونەوەی پەیامی مەسیح بدە کە لە سیپارەی کرداری نێردراواندا هاتووە. وا دیارە کە چیرۆکی بڵاوبوونەوەی مزگێنیی مەسیح، لەڕاستیدا چیرۆکی بڵاوبوونەوەی کڵێساکانە. هەموو شتێک لە ئۆرشەلیمەوە دەستی پێ کرد و دواتر بەرەو شوێنەکانی دیکە ڕۆیشت: مزگێنیی بۆ هەر شوێنێک بڕوات، کڵێسا لەوێ دەبێت.

◊ پەترۆس لە بەشی دوو وتارێک لەبارەی تۆبەکردن و لێخۆشبوونی گوناهەوە دەدات. «ئەوانەی کە قسەکەیان وەرگرت لە ئاو هەڵکێشران، لەو ڕۆژەدا نزیکەی سێ هەزار کەس هاتنە ڕیزی باوەڕدارانەوە» (کرداری نێردراوان ٢: ٤١). سەرنجی ئەوە بدە کە قوتابییە نوێیەکان هاتنە ڕیزی شتێکەوە. هاتنە ڕیزی چییەوە؟ کڵێسای ئۆرشەلیم (کرداری نێردراوان ٥: ١١؛ ٨: ١).

◊ لە بەشی یازدەی سیپارەی کرداردا دەزانین کە ئەو باوەڕدارانەی بەهۆی چەوسانەوەیان لە ئۆرشەلیم، پەرشوبڵاو بوونەوە، ڕۆیشتن بۆ ئەنتاکیا و «مزگێنیی عیسای خاوەن شکۆیان دەدا» (ئایەتی ٢٠). وە «ژمارەیەکی زۆر باوەڕیان هێنا و بۆ عیسای خاوەن شکۆ گەڕانەوە» (ئایەتی ٢١). ئینجا کڵێسای ئۆرشەلیم بەرناباسی نارد بۆ ئەنتاکیا بۆ ئەوەی لە دامەزراندنی کڵێسادا یارمەتییان بدات. بەو شێوەیە «خەڵکێکی زۆریش هاتنە پاڵ مەسیحی خاوەنی شکۆوە» (ئایەتی ٢٤). دواتر بەرناباس داوای یارمەتی لە

پۆڵس دەکات و «ساڵێکی تەواو لە کڵێسا کۆبوونەوە و خەڵکێکی زۆریان فێر کرد» (ئایەتی ٢٦).

◊ لە بەشی چواردەی سیپارەی کرداردا هاتووە کە پۆڵس و بەرناباس ڕۆیشتن بۆ کۆنیا و «بە شێوەیەک قسەیان کرد کە ژمارەیەکی زۆر لە جولەکە و یۆنانییەکان باوەڕیان هێنا» (ئایەتی ١). ئینجا ڕۆیشتن بۆ لیسترا، «لەوێش مزگێنییان دەدا» (ئایەتی ٧). لە هیچ شوێنێکی ئەم دەقەدا ناڵێت کە «ئەوان کڵێسایان بنیاد نا». بەڵام لەڕاستیدا ڕێک وایان کرد. دوای چەند ئایەتێک دەبینین کە پۆڵس و بەرناباس «گەڕانەوە لیسترا و کۆنیا و ئەنتاکیا» (ئایەتی ٢١). وە ئەمجارە «لە هەر کڵێسایەک پۆڵس و بەرناباس پیرانیان بۆ هەڵبژاردن» (ئایەتی ٢٣). باوەڕداران لە کڵێساکاندا لەدەوری یەکتر کۆدەبوونەوە.

◊ لە بەشی هەژدەدا هاتووە کە کڵێسا کۆرنسۆس بنیاد نرا و زۆر کەس بیستیان و باوەڕیان هێنا و لە ئاو هەڵکیشران (ئایەتی ٨).

◊ لە بەشی نۆزدەدا هاتووە کە پۆڵس لە ئەفەسۆس وتاری دا و زۆر کەس باوەڕی هێنا. دیسان، دەقەکە بەتایبەتی ناڵێت کە ئەوان کڵێسایان بنیاد نا، بەڵام کە دەگەینە بەشی بیست، دەبینین کە ڕێک ئەوەیان کردووە: «پۆڵس لە میلیتۆسەوە ناردی بۆ ئەفەسۆس، بانگی پیرانی کڵێسای کرد» (ئایەتی ١٧).

◊ سیپارەی کرداری نێردراوان بە وتاریی پۆڵس لە ڕۆما کۆتایی پێ دێت، وە بەدڵنیاییەوە لە کۆتاییدا کڵێسا لە ڕۆما سەرهەڵدەدات، وەکو چۆن نامەی پۆڵس بۆ باوەڕدارانی ڕۆما ئەوە پشتڕاست دەکاتەوە (ڕۆما ١: ٧؛ ١٦: ٥).

نێردراوانی عیسای مەسیح چییان کرد؟ مزگێنییان دا و کڵێسایان دامەزراند. کڵێسا لە ناوەند و چەقی پلانی نێردراوایێتییە مەزنەکەی خودادایە.

بەرجەستەبوون

لەوانەیـە هەرگیـز سـیپارەی کـرداری نێردراوانـت بـەم چەشـنە نەخوێندبێتـەوە. لەوانەیـە تەنهـا چەنـد کەسـێکت بینیبێـت کـە وەکـو پاڵـەوان هەڵسـوکەوتیان کـردووە و باوەڕێکـی پتەویـان هەبـووە. بـەڵام دیسـان سـیپارەی کـردار بخوێنـەوە و سـەرنج بـدە کـە کڵێسـای ناوخۆیـی چەنـدە بەرجەسـتەیە (لـە خـوارەوە پێداگـری لەسـەر ئەمـە دەکـەم). کـێ نێـردراوان و نوێنەرانـی دیکەیـان نـارد؟ کڵێسـای ناوخۆیـی.

«ئـەم هەواڵـە گەیشـتە کڵێسـای ئۆرشـەلیم، ئەوانیـش بەرناباسـیان بـۆ ئەنتاکیـا نـارد « (کـرداری نێـردراوان ١١: ٢٢).

«پاش ئەوەی کڵێسا ماڵئاواییان لێکردن ... « (کرداری نێردراوان ١٥: ٣).

ئەم هەواڵانە بەدەست کێ دەگات؟ کڵێسای ناوخۆیی.

«کاتێـک گەیشـتن و کڵێسـایان کۆکـردەوە، باسـی هەمـوو ئـەو شـتانەیان کـرد کـە خودا لەگەڵیـان کردبـووی، هەروەهـا کـە دەرگای بـاوەڕی بـۆ ناجولەکەکانیـش کردووەتـەوە» (کـرداری نێـردراوان ١٤: ٢٧؛ ١٦: ٤- ٥).

«کاتێـک گەیشـتنە ئۆرشـەلیم، کڵێسـا و نێـردراوان و پیـران پێشـوازییان لێکـردن» (کـرداری نێـردراوان ١٥: ٤).

کێ بڕیار دەدات؟ کڵێسای ناوخۆیی.

«هەمـوو کۆمەڵەکـە ئـەم پێشـنیارەیان بـەدڵ بـوو، جـا ستیفانۆسـیان هەڵبـژارد ...» (کـرداری نێـردراوان ٦: ٥).

«ئینجـا نێـردراوان و پیـران و هەمـوو کڵێسـا بـە باشـیان زانـی دوو پیـاو لەنـاو خۆیانـدا هەڵبژێـرن و لەگـەڵ پۆڵـس و بەرناباسـدا بیاننێـرن بـۆ ئەنتاکیـا» (کـرداری نێـردراوان ١٥: ٢٢).

خودا چ دەكات؟ پیران بۆ كڵێسای ناوخۆیی دابین دەكات.

«لە هەر كڵێسایەک پۆڵس و بەرناباس پیرانیان بۆ هەڵبژاردن، ئینجا بە ڕۆژووگرتنەوە نوێژیان كرد و پیرەكانیان دایە دەست مەسیحی باڵادەست كە باوەڕیان پێی هێناوە» (كرداری نێردراوان ١٤: ٢٣).

«ئاگاتان لە خۆتان و لە هەموو مێگەلەكە بێت، كە ڕۆحی پیرۆز ئێوەی كردووە بە چاودێر بەسەریانەوە. شوانایەتی كڵێسای خودا بكەن، كە بە خوێنی خۆی كڕیویەتی» (كرداری نێردراوان ٢٠: ٢٨).

تەواوی كتێبی پیرۆز تەنها تیشک ناخاتە سەر مزگێنی و بەقوتابیكردنی تاكەكەسی، بەڵكو مزگێنی و بەقوتابیكردن لە چوارچێوەی كڵێسای ناوخۆییدا. چیرۆكی بڵاوبوونەوەی مزگێنیی مەسیح، چیرۆكی كڵێسا ناوخۆییەكانە.

تەنها سیپارەی كرداری نێردراوان نە

بێگومان كڵێسا تەنها لە سیپارەی كرداری نێردراواندا بەرجەستە نییە. لە تەواوی پەیمانی نوێدا بەرجەستەبوونی تەواوی دەبینین. زۆربەی نامەكانی پەیمانی نوێ، ئاراستەی كڵێساكان كراون: «بۆ كڵێسای خودا لە شاری كۆرنسۆس» (یەكەم كۆرنسۆس ١: ٢). «بۆ ئەو كڵێسایانەی لە گەلاتیان» (گەلاتیا ١: ٢). «بۆ هەموو گەلی پیرۆزی خودا لە شاری فیلیپی كە لەگەڵ عیسای مەسیحدا یەكن، لەگەڵ چاودێران و خزمەتكاران» (فیلیپی ١: ١). «بۆ كڵێسای سالۆنیكییەكان» (یەكەم سالۆنیكی ١: ١).

كڵێساكان سڵاو لە یەكتر دەكەن و سوپاسی یەكتری دەكەن. «تەنها من سوپاسی ئەوانە ناكەم، بەڵكو هەموو كڵێساكانی ناجولەكەكانیش» (ڕۆما ١٦: ٤). «هەموو كلیساكانی مەسیح سڵاوتان لێدەكەن» (ڕۆما ١٦: ١٦). «كڵێساكانی ئاسیا سڵاوتان لێ دەكەن» (یەكەم كۆرنسۆس ١٦: ١٩). نێردراوان فەرمانیان بە باوەڕداران داوە كە بە مەبەستی فێربوون و ڕێوڕەسمی خوانی پەروەردگار و هاندانی هاوبەش لە كڵێسادا كۆببنەوە.

«هـەروەک لـە هەمـوو شـوێن و کڵێسـایەک خەڵکـی فێـر دەکـەم» (یەکـەم کۆرنسـۆس ٤: ١٧؛ ٧: ١٧).

«دەبیسـتم کاتێـک وەک کڵێسـا کـۆ دەبنـەوە دووبەرەکـی لەنێوانتانـدا هەیـە ... کەواتە ئـەی خوشـک و برایانـم، کاتێـک بـۆ خـواردن کـۆ دەبنـەوە، چاوەڕێـی یەکـتری بکـەن» (یەکـەم کۆرنسـۆس ١١: ١٨، ٣٣).

«کاتێـک ئـەم نامەیەتـان بـۆ خوێنرایـەوە، وا بکـەن لـە کڵێسـای لاودیکییەکانیـش بخوێنرێتـەوە، ئـەوەی هـی لاودیکییاشـە ئێـوە بیخوێننـەوە» (کۆلۆسـی ٤: ١٦).

«بـا ئـاگاداری یەکـتری بیـن بـۆ هانـدان لەسـەر خۆشەویسـتی و کاری چـاک. بـا واز لـە کۆبوونەوەکانمـان نەهێنیـن، وەک هەندێـک لەسـەری ڕاهاتـوون، بەڵکـو یەکـتری هـان بدەیـن، بـە تایبەتـی کـە دەبینـن ڕۆژی هاتنـەوەی مەسـیح نزیـک دەبێتـەوە» (عیبرانییـەکان ١٠: ٢٤- ٢٥).

کڵێساکان ئاگاداری یەکتر دەبن:

«(تیتـۆس) لەلایـەن کڵێسـاکانەوە هەڵبژێـردراوە بـۆ ئـەوەی یاوەریـمان بـکات لـە گەشـتەکەماندا، لـە کاتێـکدا کـە ئێمـە بەخشـینەکە هەڵدەگریـن و دابەشـی دەکەیـن ...» (دووەم کۆرنسـۆس ٨: ١٩).

«لەبـارەی کۆمـەک بـۆ گەلـی پیـرۆزی خـودا، چـۆن کڵێسـاکانی گەلاتیـام ڕاسـپاردووە، ئێـوەش ئـاوا بکـەن. لـە سـەرەتای هـەر هەفتەیـەک بـا هەریەکەتـان چەنـدی لـە توانادایـە بیخاتـە لایـەک، تاکـو کۆمەکەکـە ئـەو کاتـە نەبێـت کـە دەگەمـە لاتـان. کاتێـک گەیشـتمە لاتـان، جـا ئەوانـەی پەسـەندکراون بـە نامـەوە دەیاننێـرم تاکـو دیارییەکانتـان بگەیەننـە ئۆرشـەلیم» (یەکـەم کۆرنسـۆس ١٦: ١- ٣).

کڵێساکان مزگێنیدەر دەنێرن و کار بۆ دروستکردنی کڵێسای دیکە دەکەن:

«ئەم برایانە پەیامبەری کڵێساکانن» (دووەم کۆرنسۆس ٨: ٢٣).

«کاتێک لە مەکدۆنیا ڕۆیشتم، هیچ کڵێسایەک لە بابەتی وەرگرتن و پێداندا هاوکارییان نەکردووم، ئێوە نەبێت» (فیلیپی ٤: ١٥).

«کارێکی باش دەکەیت کە بەو شێوەیەی لەلای خودا شایستەیە بەڕێیان بکەیت، چونکە ئەوانە لەبەر ناوی مەسیح هاتوونەتە دەرەوە و هیچ شتێکیان لە بێباوەڕان وەرنەگرتووە. بۆیە پێویستە پێشوازی لە کەسانی وەک ئەوانە بکەین تاکو بەیەکەوە کار بۆ ڕاستی بکەین» (سێیەم یۆحەنا ٦ – ٨).

پۆڵس بایەخ و گرنگیی خۆی وەکو «بایەخدان بە هەموو کڵێساکان» بۆ باوەڕداران دەربڕی (دووەم کۆرنسۆس ١١: ٢٨). (پیتەر ئۆبرایەن) کە شارەزاری کتێبی پیرۆزە، سەرنجی ئەوەی داوە کە «حەز و ئارەزووی پۆڵس بۆ مزگێنیدان لەو شوێنانەی کە مەسیح بە پەروەردگار ناناسرێت، بۆ ئەوەی لەسەر بناغەیەکی دیکە بنیاد نەنێت ... دەیسەلمێنێت کە بڵاوکردنەوەی پەیامی مەسیح بەشێکی سەرەکی بوو لەو گەشتانەی کە بە مەبەستی مزگێنیدان ئەنجامی دەدان». بەڵام ئەوە تاکە توخمی پێکهێنەری نێردراوێتییەکەی پۆڵس نەبوو. (پیتەر ئۆبرایەن) بەردەوام دەبێت لەسەر بۆچوونەکەی و دەڵێت: «ئیشی پۆڵس تەواو نەبوو هەتا ئەو کاتەی کە ڕێنمایی باوەڕدارانی کرد و کۆمەڵەیەکی پێگەیشتوو و چەسپاوی دانەمەزراند».[a]

ئەرکی مزگێنیدەر: ڕاگەیاندن پاشان کۆکردنەوە

چەندین نموونە هەن کە من دەتوانم بەکاریانبهێنم. بەڵام بابەتەکە ئەوەیە کە لە پەیمانی نوێدا، ژیانی باوەڕداران ژیانی کڵێسایە. لەنێو کڵێسا و لە ڕێگەی کڵێساوە دەبینە قوتابیی مەسیح.

واتا، ئەرکی مزگێنیدەر کۆتایی نایەت هەتا ئەو کاتەی کە باوەڕدارە نوێیەکان

a P. T. O'Brien, Consumed by Passion (Lancer, 1993), 45.

نەبەن بەشێک لە کڵێسا ناوخۆییەکان. (پیتەر ئۆبرایەن) زۆر بەجوانی کورتەیەکمان لەسەر تێگەیشتنی پۆڵس دەربارەی ئەرکی نێردراوییێتیی بنەڕەتیی باوەڕدان پێشکەش دەکات:

پۆڵس نە تەنها مزگێنیی مەسیحی ڕاگەیاند، بەڵکو لەژێر دەسەڵاتی خودا، بووە هۆکاری باوەڕهێنانی کەسانی دیکە. وە بنیادنانی کڵێسای وەکو توخمێکی سەرەکی لە ئەرکی مزگێنیدانەکەیدا دەبینی. بەرەو مەسیح هەڵگەڕانەوە (باوەڕهێنان بە مەسیح) واتە پەیوەستبوون بە مەسیحەوە، وە دواتر ئەندامبوون لە کۆمەڵەی باوەڕداران ... ڕوونە کە پۆڵس لەوە تێگەیشتبوو کە هاندان بە مەبەستی گەشەکردن و سەرهەڵدانی کڵێساکان «تایبەتمەندییەکی سەرەکی ئەرکی مزگێنیدانەکەی بوو».

لەم سەردەمەدا، لەوانەیە باوەڕداران و بگرە ڕابەرانیش وەکو بەڕێوەبەرایەتیی هاتوچۆ مامەڵە لەگەڵ کڵێسادا بکەن. لەوانەیە ئەرکی نێردراوییێتیی مەزن بخوێننەوە و بڵێن: «مۆڵەتەکانیان پێ بدەن و با بڕۆن»؛ بەڵام نێردراوانی مەسیح بەو جۆرە لە کارەکەیان نەڕوانیوە. ئەوان مزگێنیی مەسیحیان ڕاگەیاندووە و کڵێسایان بنیاد ناوە. کڵێسا یەکەمینەکانیش هەمان ئەو کارەیان کردووە.

بەشی پێنجەم

فێرکردن بە ڕاستکردنەوە و چاودێرییەوە

کڵێسای ناوخۆیی بەڕێوەبەرایەتیی هاتوچۆ نییە کە لەڕێگەی لەئاوهەڵکێشانەوە مۆڵەتی شۆفێری دەربکات. ئەوە مەبەستی بەشی چوارەم بوو. بەڵام وەک چۆن «شێوازی بەڕێوەبەرایەتیی هاتوچۆ»ی نێردراوێتییە مەزنەکەمان ناوێت، بە هەمان شێوەی «شێوازی ژوورۆچکەی زانیاری»مان ناوێت. کڵێسای ناوخۆیی ژوورۆچکەی زانیاری نییە!

لەوانەیە ئەمە گاڵتەجاڕانە بێتە بەر گوێ، چونکە هیچ کەسێک ناڵێت کە کڵێسا ژوورۆچکەی زانیارییە. بەڵام زۆرێک لە باوەڕداران وەکو مەکۆی وتاردان لە کڵێسا دەڕوانن. یەکشەممان دەردەکەون، زانیاریی داگیراو وەردەگرن، پاشان لە ڕۆژانی دیکەی هەفتەدا زانیاری باشیان دەبێت، بەڵام هاوکات بە دەگمەن ئاگایان لە ئەندامانی دیکەی کڵێسا و شوانەکان هەیە. ژوورۆچکەی زانیاری ڕێک بەو چەشنەیە. تۆ دەڕۆی بۆ لای مێزەکە، پرسیارەکەت دەکەیت، وە دوای وەرگرتنی زانیارییەکە ئەوێ بەجێدەهێڵیت. بەڵام هیچ جۆرە پەیوەندییەک لەگەڵ ئەو کەسانەدا دروست ناکەیت کە لە پشت مێزەکەوە دانیشتوون. ئەوان بە ئەرکی خۆیان هەستاون و تۆ دەتوانیت سەرقاڵی ئیش و کاروباری خۆت بیت.

بەدڵنیاییەوە نێردراوێتییە مەزنەکە داوامان لێ دەکات کە خەڵکی فێر بکەین کار بە ڕاسپاردەکانی خودا بکەن. بیرتە کە چی دەڵێت؟ بڕۆن و هەموو نەتەوەکان بکەنە قوتابی ... فێریان بکەن. وە ئێستا دەمەوێت باسی ئەوە بکەم. بەڵام سەرنجی ئەوە بدە کە چۆن ئەو ڕاسپاردەیە لەئاوهەڵکێشان و فێرکردن پێکەوە دەبەستێتەوە: بڕۆن، هەموو نەتەوەکان بکەنە قوتابی، ... لە ئاویان هەڵبکێشن،

فێریـان بکـەن. دەقەکـە وای دانـاوە کـە فێرکردنەکـە لـە چوارچێـوەی بەرپرسـیاریەتی و چاودێـری و بەڕێوەبردنـی دروسـتی ڕێوڕەسـمەکان (لەئاوهەڵکێشـان و خوانـی پـەروەردگار) ئەنجـام دەدرێـت.

ئەمە لە سیپارەی مەتا و باقیی پەیمانی نوێدا دەبینین.

گەڕانەوەیەکی کورت بۆ سیپارەی مەتا

بیر لـەو گفتوگۆیـە بکـەوە کـە پێشـتر لەسـەر مەتـا کردمـان. لـە بەشـی ٢٨، عیسـا داوا لـە قوتابییـەکان دەکات کـە بـە نـاوی بـاوک و کـوڕ و ڕۆحـی پیـرۆز، قوتابییـە نوێیـەکان لـە ئـاو هەڵبکێشـن. ئـەم کەسـانە دان بـە باوەڕیـان بـە مەسـیحبوونی عیسـادا دەنێـن کـە لەپێنـاو نەهێشـتنی گوناهەکانماندا گیانـی سـپارد و دواتـر زینـدوو بـووەوە.

بـەڵام چـی دەبێـت ئەگـەر کەسـێک بـە گوفتـار دان بـە باوەڕیـدا بنێـت و بـە کـردار جێبەجێـی نـەکات؟ چـی دەبێـت ئەگـەر کەسـێک دان بـەوەدا بنێـت کـە بـاوەڕی بـە مەسـیح هەیـە، بـەڵام دواتـر گونـاه بـکات و تۆبـە نـەکات؟ عیسـا لـە (مەتـا ١٨) وەڵامـی ئـەو پرسـیارەی داوینەتـەوە. ئـەو کڵێسـایەی کـە لانـی کـەم دوو یـان سـێ کەسـە و بـە نـاوی عیسـا کۆدەبنـەوە، دەبێـت دەسـەڵاتی کلیلـەکان بەکاربهێنـن و ئـەو کەسـە لـە ئەندامێتیـی کڵێسـا دەربکـەن.

ئێسـتا بگەڕێـوە بـۆ مەتـا، بەشـی ٢٨. کاتێـک عیسـا داوای لـە قوتابییـەکان کـرد کـە پەیامـی خـودا فێـر کەسـانی دیکە بکـەن، ئایـا شـتێکی وەکـو ژوورۆچکـەی زانیاریـی لـە مێشـکدا بـوو؟ یـان وانەیەکـی پەیمانگـەی یەزدانناسـی؟ نەخێـر! ئـەم قوتابییانـە لـە ئـاو هەڵکێـشراون و فێـر کـراون. کڵێسـا نـاوی عیسـایان لەسـەر دەنێـت، ئینجـا چاودێرییـان دەکات بـۆ ئـەوەی وەکـو حاڵەتـی (مەتـا ١٨)یـان لـێ نەیـەت.

ئـەو وانەیـەی کـە لێـرەدا فێـری دەبیـن ئەوەیـە کـە بـاوەڕداره نوێیـەکان لـە ئـاو هەڵدەکێشرێـن و دەبنـە ئەندامـی کڵێسـا و لەنێـو کڵێسـادا فێـری پەیامـی خودایـان

دەکـەن. بێگومـان حاڵەتـی دەگمـەن و تایبەتمـان هەیـە. لەوانەیـە بیـر لـە حاڵەتـی فیلیپـۆس و خەسـاوە حەبەشـییەکەی (کـرداری نێـردراوان ٨) بکەیتـەوە. بـەڵام بارودۆخەکـەی (کـردار ٢) ئاسـاییترە. پەتـرۆس مزگێنـی دەدات و گوێگرەکانـی کاریـان دەکرێتـە سـەر و دەپرسـن کـە دەبێـت چ بکـەن (کـرداری نێـردراوان ٢: ٣٧). پەتـرۆس دەڵێـت: «تۆبـە بکـەن، بـا هەریەکەتـان بـە نـاوی عیسـای مەسـیحەوە لـە ئـاو هەڵبکێشرێـت» (ئایەتـی ٣٨). ئینجا لۆقـای نووسـەر دەڵێـت: «ئەوانـەی کـە قسـەکەیان وەرگـرت لـە ئـاو هەڵکێـشران، لـەو ڕۆژەدا نزیکـەی سـێ هـەزار کـەس هاتنـە ڕیـزی باوەڕدارانـەوە» (ئایەتـی ٤١). خەڵکەکـە لـە ئـاو هەڵکێـشران و بوونـە ئەندامـی کڵێسـای ئۆرشـەلیم و هـەر لەوێـش فێـر پەیامـی خـودا کـران: «ئیـتر ئـەوان پەیوەسـتبوون لەسـەر فێرکردنـی نێـردراوان ...» (ئایەتـی ٤٢).

شوانەکان: فێرکردن + چاودێری

ئـەو شـێوازەی کـە باقیـی پەیمانـی نـوێ باسـی فێرکـردن دەکات، پێداگـری لەسـەر ئـەو بیرۆکەیـە دەکات کـە ڕاسـپاردەی فێرکـردن لـە نێردراوییێتییـە مەزنەکـە، دامەزراندنـی کڵێسـاش لەخـۆ دەگرێـت. دەتوانیـت ئەمـە لـەو ڕاسـتییەدا ببینیـت کـە شـوان بـۆ کڵێسـاکان دابیـن کـراون بـۆ ئـەوەی فێریـان بکـەن. مامۆسـتا، وتاربێـژ یـان فەرمانبـەری ژوورۆچکـەی زانیارییـان بـۆ دابیـن نەکـراوە. شـوانیان بـۆ دەسـتەبەر کـردوون، کـە هـەم فێریـان دەکات و هـەم چاودێرییـان دەکات.

شـوانەکان مـەڕەکان دەپارێـزن (کـرداری نێـردراوان ٢٠: ٢٨- ٣١؛ یەکـەم پەتـرۆس ٥: ١ - ٥؛ دووەم تیمۆسـاوس ٤: ٢). شـوانەکان ڕێنوێنیـی مـەڕەکان دەکـەن (یەکـەم سـالۆنیکی ٥: ١٢). شـوانەکان نانـی مـەڕەکان دەدەن و ئامـادە و تەیاریـان دەکـەن (یۆحەنـا ٢١: ١٥- ١٧؛ ئەفەسـۆس ٤: ١١- ١٦). شـوانەکان مزگێنیـی مەسـیح دەپارێـزن (یەکـەم کۆرنسـۆس ١٥: ١- ٣؛ یەکـەم تیمۆسـاوس ١: ١٨- ١٩).

داواکاریـی پۆڵـس لـە پیرانـی ئەفەسـۆس، ئەمـە بەجوانـی ڕوون دەکاتـەوە: «لـە

ڕاگەیاندنـی تـەواوی خواسـتی خـودا بۆتـان دوانەکەوتـم. ئاگاتـان لـە خۆتـان و لـە هەمـوو مێگەلەکـە بێـت، کـە ڕۆحـی پیـرۆز ئێـوەی کـردووە بـە چاودێـر بەسـەریانەوە. شـوانایەتیی کڵێسـای خـودا بکـەن، کـە بـە خوێنـی خـۆی کڕیویەتـی» (کـرداری نێـردراوان ٢٠: ٢٧- ٢٨). پیـری کڵێسـا دەبێـت ئەندامـان فێـر پەیـام و وانـەی کتێبـی پیـرۆز بـکات. ئـەوە زۆر گرنگـە. بۆیـە پۆڵـس تـەواوی پلانـی خـودا ڕادەگەیەنێـت. بـەڵام مامۆسـتا، وتاربێـژ یـان فەرمانبـەری ژوورۆچکـەی زانیاریـش دەتوانـن تـەواوی پەیامـی خـودا ڕابگەیەنـن. بـەڵام جیاوازییەکـە ئەوەیـە کـە پۆڵـس شـتێکی تایبەتیـتر و نزیکـتر و بەرپرسـیارانەتری لـە مێشـکدا بـوو. ئـەم پیرانـە دەبێـت باسـی پەیـام و وانـەی کتێبـی پیـرۆز بکـەن، بـەڵام هـاوکات دەبێـت ئـەو ڕانـە مـەڕە (بـاوەڕداران) بپارێـزن و چاودێرییـان بکـەن کـە ڕۆحـی پیـرۆز پێـی بەخشـیون.

خـودا ژیانـی باوەڕدارانـی بـە جۆرێـک دانەنـاوە کـە هەرکەسـێک بـۆ خـۆی بـژی؛ لەبـەر ئەوەیـە کـە خـودا شـوانی پـێ بەخشـیوین. شـوان زیاتـر لـە مامۆسـتایە، چونکـە هـاوکات چاودێریشـە. بێگومـان ئەمـە ڕێـی تێدەچێـت. ئـەو مـەڕەی کـە تـازە بـاوەڕ دەهێنێـت، نابێـت بـە تەنهـا بێـت. وەکـو دەزانیـن ئێمـە لـە جیهانێکـی پـڕ لـە گونـاه و گەلەگورگـدا دەژیـن (کـرداری نێـردراوان ٢٠: ٢٩- ٣٠)! مـەڕی تەنیـا دەبێـت خـۆی بگەیەنێتـە نێـو مێگەلەکـەی کـە شـوانەکان ئاگایـان لێیانـە و دەیانپارێـزن. کارێکـی لووتبەرزانـە و گێلانـە کـە مـەڕ بـە تەنهـا بێـت و وای دابنێـت کـە هیـچ گورگێـک لـەو نـاوەدا نییـە.

ئەندامەکان: ڕاستگۆبوون لەگەڵ یەکتر

هەروەهـا ئەرکـی مـەڕ کـە بایەخـدان و ڕێنماییکردنـی یەکـترە، پێداگـری لەسـەر ئـەو بیرۆکەیـە دەکات کـە فێرکـردن دەبێـت بـە شـێوەیەکی سـەرەکی لـە چوارچێـوەی کڵێسـای ناوخۆیـی و بەرپرسـیاریەتیی کڵێسـاکەدا ئەنجـام بدرێـت. تـەواوی کڵێسـا دەبێـت بەشـداری بکـەن لـە پیرۆزکـردن و پاراسـتنی یەکـتردا. عیسـا داوامـان لـێ دەکات کـە ڕێـک و ڕاسـتگۆ بیـن لەگـەڵ ئەندامێکـی دیکـەدا کاتێـک کـە کێشـەیەک دەکەوێتـە

نێوانمـان (مەتـا ١٨: ١٥). پۆڵـس دەڵێـت: «بـا پەیامـی مەسـیح بـە دەوڵەمەندی لـە ئێوەدا نیشـتەجێ بێـت، بەوپـەڕی دانایـی یەکـتری فێـر بکـەن و ئـاگادار بکەنـەوە» (کۆلۆسـی ٣: ١٦). لـە شـوێنێکی دیکـەدا دەڵێـت: «بۆیـە واز لـە درۆ بهێنـن، بـا هەریەکـە ڕاسـتگۆ بـێ لەگـەڵ نزیکەکـەی، چونکـە ئەندامـی یـەک جەسـتەین» (ئەفەسـۆس ٤: ٢٥). وە دەبێـت تەنهـا باسـی ئـەو شـتە بکەیـن کـە «باشـە بـۆ بنیادنـان، بەگوێـرەی پێویسـتی، تاکـو نیعمـەت بداتـە گوێگـران» (ئەفەسـۆس ٤: ٢٩). مـەڕەکان لـە خواردنـدا یارمەتـی یەکـتر دەدەن (یەکـەم کۆرنسـۆس ١٢؛ ١٤)، وە یارمەتـی پاراسـتنی مزگێنیـی لـە کڵێسـادا دەدەن (گەلاتیـا ١: ٦- ٩؛ وە نموونەیەکـی نەرێنیـمان لـە دووەم تیمۆسـاوس ٤: ٣ هەیـە).

هیـچ مەڕێـک بەتـەواوی ناتوانێـت چاکـە و خراپـە لـە یەکـتر جـودا بکاتـەوە، بۆیـە پێویسـتمان بـە یەکـترە. لەبـەر ئـەوەی بـۆ پاراسـتنی مزگێنیـی مەسـیح پێویسـتمان بـە کڵێسـایە، کـە پیـران و ئەندامانـی دڵسـۆز پێکەوە شانبەشـانی یەکـتر کار بکەن. بـاوەڕداره پەرتبـووەکان، ئەوانـەی کـە جگـە لـە خۆیـان بەرپرسـیاریەتیی کـەس ناگرنـە ئەسـتۆ، مزگێنیـی مەسـیح دەپارێـزن؟ کڵێسـا پایـە و بناغـەی ڕاسـتییە (یەکـەم تیمۆسـاوس ٣: ١٥).

بەشی شەشەم
ئەندامێتی و پەیوەستبوونی هوشیارانە

ئەگەر ببیت بە ئەندامی ئەو کڵێسایەی کە من شوانایەتیی دەکەم، من یان یەکێک لە شوانەکانی دیکە، چاوپێکەوتنی ئەندامێتیت لەگەڵ دەکەین. بە پرسیاری سادەی وەکو ناونیشان، ئیش و کار و ئەوەی کە ئاخۆ خێزانداری یان نە، دەست پێ دەکەم. وە هەر زوو لەمەڕ شێوازی باوەڕهێنانتەوە پرسیارت لێ دەکەم. وە لە کۆتاییدا، داوات لێ دەکەم کە بە خولەکێک یان کەمتر، مزگێنیی مەسیحم بۆ ڕوون بکەیتەوە.

من لێرەدا داوات لێ دەکەم کە باسی ئەوەم بۆ بکەیت کە ئینجیل لەبارەی خودا و مرۆڤ و مەسیحەوە چی دەڵێت و دەبێت چ کاردانەوە و وەڵامێکمان هەبێت. خودا باشە و ئێمەی بە باشی دروست کردووە. بەڵام ئێمە دژی ئەو گوناهمان کردووە و تووڕەیی دادوەرانەی ئەومان وەرگرتووە. لەبە ئەوە مەسیح هات و ئەو ژیانە بێ گەرد و کاملە ژیان کە ئێمە دەبوا ئەزموونمان کردبا، وە بە شێوازێکی شەرمەزارکەر گیانی سپارد کە لەڕاستیدا ئێمە دەبوا بەو چەشنە بمردباین. ئەو لە جێگەی ئێمە سزای خودا بە ئەستۆ گرت و دواتر لە مردن هەستایەوە و گوناه و مردنی لەناو برد. ئێستا ئەو هەموو ئەو کەسانە ڕزگار دەکات کە تۆبە دەکەن و باوەڕ دەهێنن.

ئەگەر هاتوو شتێک یان دوانت لەبیر چوو، ئەوا داوای ڕوونکردنەوەت لێ دەکەم. هەندێ کات خەڵکی ئاماژە بەوە دەکەن کە عیسا لەپێناو لێخۆشبوونی گوناهەکانمان گیانی سپارد، بەڵام ئەوان هەستانەوەکەی لەبیر دەکەن! پرسیارێکی خێرا ئەوە ڕوون دەکاتەوە: «عیسا لەنێو گۆڕ مایەوە؟» «نەخێر، بێگومان!»

زۆربەی کات باوەڕداران لەبیریان دەچێت باسی تۆبەکردن بکەن. بۆیە لەوانەیە شتێکی لەم بابەتە بپرسم: «وا دابنێ کە هاوڕێیەکت هەیە و خۆت بە باوەڕدار دەزانێت، بەڵام لەگەڵ خۆشەویستەکەیدا دەژی. چی پێ دەڵێی؟» هیوادارم کە لەو کاتەدا بڵێن کەسێک نابێت خۆی بە باوەڕدار بزانێت ئەگەر گوناهبار بێت و تۆبەی نەکردبێت.

عیسا قوتابی دەوێت، نەک تەنها بڕیاردان. ئەو کەسانێکی دەوێت کە شکڵ و شێوازی ژیانیان بەپێی فێرکردنەکانی کتێبی پیرۆز بەڕێوە بچێت.

دیسان تەماشای کۆتا ڕاسپاردەی عیسا لە (مەتا ٢٨) بکەن: بڕۆن و هەموو نەتەوەکان بکەنە قوتابی، لە ئاویان هەڵبکێشن و هەموو ئەو شتانەیان فێر بکەن کە فەرمانم پێ کردوون. ئایا ئەو ئایەتە بەڕاستی وا دەڵێت؟ نەخێر. کۆتا فەرمانی عیسا بۆ قوتابییەکان لە سیپارەی مەتا ئەمەیە: «... فێریان بکەن با کار بکەن بە هەموو ئەو شتانەی کە ڕامسپاردوون» (ئایەتی ٢٠).

نێردراوییێتییە مەزنەکە داوا لە کڵێسا دەکات کە ڕاسپاردەکانی عیسا فێر باوەڕداران بکات، وە فێریان بکەن کە گوێڕایەڵی فەرمانەکانی بن. بۆیە دەتوانین بڵێین کە بوون بە قوتابی گوێڕایەڵی و پەیوەستبوون لەخۆ دەگرێت. ئایا هیچ باوەڕدارێکی ڕاستەقینە هەیە کە گوێڕایەڵ نەبێت؟ نەخێر.

نێردراوانی عیسا بەپێی ئەم شێوازی بەقوتابیکردنە، لە ڕێگەی دامەزراندنی کڵێساوە، مزگێنیی مەسیحیان بڵاو کردەوە، کڵێسایەک کە (لە ڕێگەی لەئاوهەڵکێشانەوە) شێوازی بەرپرسیاریەتی دەستەبەر و فێر دەکات. کەواتە دەتوانین بڵێین کە بوون بە قوتابی پێویستی بەوەیە کە هۆشیارانە پەیوەست بێت بە گوێڕایەڵبوونی کتێبی پیرۆز و شێوازی بەرپرسیاریەتیی کڵێساوە.

ئەمە دەمانباتە سەر بابەتی ئەندامێتیی کڵێسا.

سێگۆشەی ئەندامێتی

زۆر جار ئەندامێتیی کڵێسا بەپێی کتێبی پیرۆز بە سێگۆشەی ئەندامێتی ڕوون دەکەمەوە. لە سێ گۆشەکەدا، خۆت (تاکی باوەڕدار) و تەواوی کڵێسا و شوان یان پیران هەیە. پەیمانی نوێ پڕە لە فەرمان و فەرز و ئەرک کە دەبێت وەسفی هێڵی پەیوەندیی نێوان هەریەک لەو دوو خاڵانەی سێگۆشەکە بکات. مەحاڵە کە بتوانیت ئەوە بهێنیتە پێش چاوت کە کەسێک بتوانێت هەموو ئەم داواکارییانە جێبەجێ بکات بەبێ ئەوەی کە ئەندامی کڵێسا بێت.

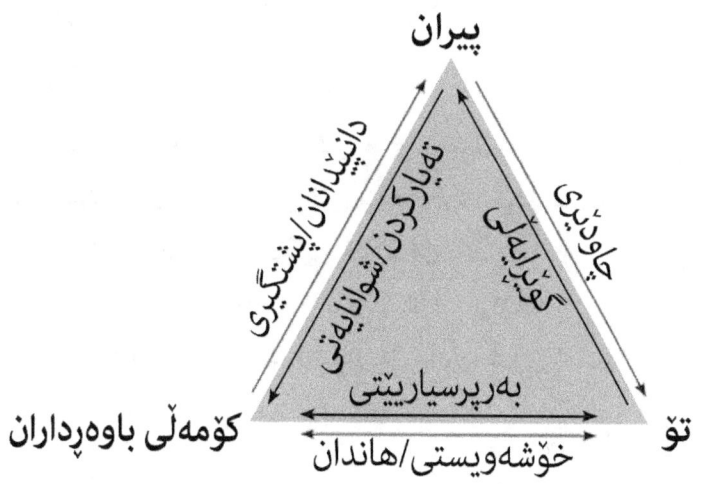

با لە شوانەکانەوە دەست پێ بکەین. (عیبرانییەکان ١٣: ١٧) دەڵێت شوانەکان «ئێشکتان بۆ دەگرن، وەک بڵێی حیسابیان پێشکەشی خودا دەکەن». کەواتە، ئێمەی شوان و قەشەی کڵێسا حیساب پێشکەش خودا دەکەین. بەڵام هی کێ؟ هەموو باوەڕدارانی سەر زەوی؟ بێگومان نەخێر. هەموو باوەڕدارانی شارێک؟ دیسان نەخێر. شوانەکان حیسابی باوەڕدارانی کڵێساکانی خۆیان دەدەنە خودا (یاقوب ٣: ١). واتە، حیسابی تاکی باوەڕدار (عیبرانییەکان ١٣: ١٧) و تەواوی کۆمەڵی باوەڕداران دەدەنە خودا (کرداری نێردراوان ٢٠: ٢٨؛ ئەفەسۆس ٤: ١١؛ یەکەم پەترۆس ٥: ٢- ٣). شوان و

قەشـەکان بەرپرسـیاریەتییان بەرامبـەر مـن وەکـو باوەڕدارێـک و بەرامبـەر تـەواو کڵێسـا هەیـە. شـوانی دڵسـۆز چاودێـری هـەردوو لایـەن دەکات.

هەمـان شـت ڕاسـتە ئەگـەر بێتـو لـە لایەکـی دیکـەی سێگۆشـەکەوە ڕابوەسـتین و سـەیری دوو لایەکـەی دیکـە بکەیـن. کەواتـە، منـی تاکـی بـاوەڕدار بەرپرسـیاریەتی ئـەوەم لەسـەرە کـە گوێڕایەڵـی شـوانەکانم بـم، نـەک هەمـوو شـوانەکانی ئـەم دنیایـە (یەکـەم سـالۆنیکی ٥: ١٢- ١٣؛ عیبرانییـەکان ١٣: ٧، ١٧). وە بەرپرسـیاریەتیی ئەوەشـم لەسەرشـانە کـە تـەواوی ئەندامانـی کڵێسـایەکی دیاریکـراوم خـۆش بوێـت و بایەخیـان پـێ بـدەم (مەتـا ١٨: ١٥- ١٧؛ ڕۆمـا ١٤: ١٩؛ دووەم کۆرنسـۆس ٢: ٦؛ عیبرانییـەکان ١٠: ٢٢- ٢٥؛ یەکـەم یۆحەنـا ١: ٣- ٤؛ یۆحەنـا ١٣: ٣٤- ٣٥).

لـە کۆتاییـدا، ئەگـەر لـە خاڵـی سـێیەمەوە تەماشـای بابەتەکـە بکەیـن، دەبینیـن کـە کۆمەڵـی بـاوەڕداران بەرپرسـیاریەتیی ئەوەیـان لەسـەر شـانە کـە دان بـە کۆمەڵێـک شـوانی دیاریکـراودا بنێـن و پشـتگیرییان بکـەن (ڕما ١٠: ١٥؛ ١٥: ٣٠؛ یەکـەم کۆرنسـۆس ٩: ١٤؛ گەلاتیـا ٦:٦؛ فیلیپـی ٢: ٢٩؛ یەکـەم سـالۆنیکی ٥: ١٢- ١٣؛ یەکـەم تیمۆسـاوس ٤: ٣؛ ٥: ١٧- ٢٠؛ مەتـا ١٠: ١٠). وە بەرپرسـیاریەتیی ئەوەشـیان لەسـەر شـانە کـە منـی تاکـی باوەڕداریـان خـۆش بوێـت و هانـم بـدەن (مەتـا ١٨: ١٧؛ یەکـەم کۆرنسـۆس ٥: ١٢).

لـە پەیمانـی نوێـدا دەتوانیـت هەریـەک لـەم کۆمەڵـە فەرزانـە پەیـدا بکەیـت. دەتوانیـت دوانیوەڕۆیـەک لـە خوێندنـەوەی سـپارەی کـرداری نێردراوانـدا بەسـەر ببەیـت و سێگۆشـەکە پـڕ بکەیتـەوە!

پەیوەستبوونی هۆشیارانە

خاڵـە گەورەکـە ئەوەیـە کـە بەبـێ پەیوەسـتبوونی هۆشـیارانە بـە ئەندامێتیی کڵێسـاوە، مەحـاڵ دەبێـت بتوانیـت زۆربـەی ئـەم فەرمانانـەی پەیمانـی کـۆن بەجـێ بگەیەنیـت (فیلیپـی ٢: ٨؛ ڕۆمـا ١٢: ٣، ١٦).

پەیمانی نوێ داوا لە باوەڕداران دەکات کە یەکتریان خۆش بوێت (یەکەم کۆرنسۆس ١٤: ١؛ یۆحەنا ١٣: ٣٤- ٣٥). داوامان لێ دەکات کە خۆمان و یەکتر بپشکنین (ئاشکراکردن ٣: ١٧؛ دووەم کۆرنسۆس ١٣: ٥؛ گەلاتیا ٥: ١٩- ٢٣؛ یەکەم یۆحەنا ٣: ١٤؛ ٤: ١- ٣؛ ٢٠- ٢١). داوامان لێ دەکات کە گوێڕایەڵیی ڕابەرانمان بین (یەکەم سالۆنیکی ٥: ١٢- ١٣؛ عیبرانییەکان ١٣: ٧، ١٧؛ یەکەم پەترۆس ٥: ٥). ئەمانە تەنها لە پەیوەندیی هاوڕێیەتیدا ڕوودادات - بتپەرستەکانیش هاوڕێیان هەیە - بەڵکو لە کڵێسای ناوخۆییدا. ئەندامێتیی هۆشیارانە پێویستە بۆ بەقوتابیکردن بەپێی کتێبی پیرۆز، وە شکڵ و شێوازێکی دیاریکراو دەداتە بەقوتابیبوونەکەمان.

کەواتە، ئەگەر بمانەوێت نێردراوییێتییە مەزنەکە بەجێ بگەیەنین، ئەوا بە شێوەیەکی ئاسایی دەبێت بە جۆرێک لە جۆرەکان خەریکی بنیادنان و دامەزراندنی کڵێسا بین. هاندانی ئەم کۆمەڵە خەڵکە لە ڕێگەی ئەم چەشنە لە پەیوەستبوونی هۆشیارانەوە، وا دەکات باوەڕداران بکەینە قوتابی و خەڵکی فێر بکەین کە گوێڕایەڵی فەرمانەکانی عیسا بن.

نێردراوییێتییەکە و ڕێوڕەسمەکان

نێردراوییێتییە مەزنەکە پەیوەستبوونێکی هۆشیارانەی لەو چەشنە لەخۆ دەگرێت؟ بەڵێ، لەخۆی دەگرێت؛ جارێکی دیکە دەیڵێمەوە، لە ڕێگەی لەئاوهەڵکێشانەوە ئەو پەیوەستبوونە لەخۆ دەگرێت.

لەو ساتی لەئاوهەڵکێشانەدا چی ڕوودەدات؟ دوو کەس دەبێت هاوڕا بن لەسەر ئەوەی کە دان بە هەمان مەسیحدا دەنێن، وە ئەو یەک کەسە لەگەڵ کەسەکەی دیکەدا ناوی مەسیح هەڵدەگرێت. سەرنجی ئەوە بدە کە بەتایبەتی دان بە یەکتردا دەنێن. کاتێک لەگەڵ مەسیح یەک دەگرین، لەڕاستیدا لەگەڵ باوەڕدارانی دیکەشدا یەک دەگرین، وەکو ئەوەی کە خوشک و برایەک دەڵێن کە لە هەمان دایک و باوکن.

خوانـی پـەروەردگار ئـەم دانپێدانانـەی یەکـتر ئاشـکرا دەکات و وا دەکات بـەردەوام بێـت. لـە ڕێگـەی خواردنـەوەی شـەراب و خواردنـی نانـەوە، بەشـداری لـە خوێـن و جەسـتەی مەسـیحدا دەکەیـن (یەکـەم کۆرنسـۆس ١٠: ١٦). پۆڵـس دەڵێـت: «لەبـەر ئـەوەی یـەک نـان هەیـە، ئێمـە کـە زۆریـن، یـەک لەشـین، چونکـە هەمووومان بەشداری لـە یـەک نانـدا دەکەیـن» (یەکـەم کۆرنسـۆس ١٠: ١٧). بۆیـە، ئـەوەی کـە دەخـوات و دەخواتـەوە، دەبێـت ڕێـز لـە جەسـتەی مەسـیح بگرێـت (یەکـەم کۆرنسـۆس ١١: ٢٩).

ئایـا ڕێوڕەسـمەکان ئەزموونێکـی تاکەکەسـی و پەنهـان و شـاراوەن؟ نەخێـر، ڕێوڕەسـمەکان ئـەو شـتانەن کـە پـەروەردگار پێـی بەخشـیوین بـۆ ئـەوەی هۆشـیارانە خۆمـان بـە ئـەو و یەکـترەوە پەیوەسـت بکەیـن.

نێردراوییێتییـە مەزنەکـە کەمـتر لـە مزگێنـی و نێردراوییێتیـی کەسـیی لەخـۆ ناگرێـت، بەڵکـو زیاتـر لـەوە لەخـۆ دەگرێـت. نێردراوییێتییـە مەزنەکـە پەیوەنـدی بـە دامەزراندنی کڵێسـاوە هەیـە کـە خەڵکی لەوێـدا لە ڕێگـەی لەئاوهەڵکێشـان و خوانی پـەروەردگارەوە دان بـە مەسـیح و یەکـتردا دەنێـن.

بەشی حەوتەم

چوار کاری کڵێسای نێردراوییێتییە مەزنەکە

لـە بەشـەکانی ڕابـردوودا گەیشـتینە ئـەو دەرەنجامـەی کـە نێردراوییێتییـە مەزنەکـە داوا لـە کڵێسـاکان نـاکات کـە وەکـو بەڕێوەبەرایەتیـی هاتوچـۆ بجوڵێنـەوە، هەروەهـا داوایـان لـێ نـاکات کـە وەکـو ژوورۆچکـەی زانیـاری بـن. ئێسـتا شـتێکی دیکـەم بـۆت هەیـە: نێردراوییێتییـە مەزنەکـە داوامـان لـێ نـاکات کـە وەکـو تیمـی شـارەزای وەرزشـی بجوڵێینـەوە.

سـتافی کڵێسـاکەمان گاڵتـەم پـێ دەکـەن کـە شـتێکی ئەوتـۆ لەبـارەی وەرزشـەوە نازانـم، کـە مافـی خۆیانـە. بـەڵام ئـەوە دەزانـم کـە ئامانجـی هەمـوو تیمێـک بریتییـە لـە بردنـەوەی پێشـبڕکێ و پاڵەوانیەتییـەکان. تیمێـک هـەوڵ دەدات ڕێکەوتـن لەگـەڵ باشـترین یاریزانـەکان مـۆر بـکات، باشـترین بنکـەی وەرزشـی بنیـاد بنێـت، وە ئەوپـەڕی سـوود لـە سـتافی ڕاهێنـەران وەربگرێـت تاکـو جامـی پاڵەوانیەتییـەکان بباتـەوە. بێگومـان تیمێـک دڵخۆشـە کـە تیمێکـی دیکـە لەئارادایـە، ئەگـەر نـا ناتوانێـت بەشـداری لـە پێشـبڕکێ و پاڵەوانیەتیـدا بـکات. بـەڵام ئامانجـی سـەرەکی بریتییـە لـە سـەرکەوتن بەسـەر ئـەو تیمانـەی دیکـەدا و شکسـتدانیان.

گومـان هەیـە کـە کڵێسـایەک هەبێـت بەتایبەتـی بیـر بکاتـەوە و بڵێـت: «دەبێـت بەسـەر ئـەو کڵێسـایانەی دیکـەدا سـەربکەوین و شکسـتیان بدەیـن». بـەڵام ڕێگـەم بـدە کـە چەنـد پرسـیارێک بکـەم تاکـو شـێوازی بیرکردنـەوەی «تیمەکـەی ئێمـە باشـترینە»، تاقـی بکەمـەوە:

◊ باشترین یاریزانەکانت دەدەیتە کڵێساکانی دیکە؟

◊ دوای ئـەوەی کـە نوێـژ بـۆ بووژانـەوە دەکەیـت، دڵخـۆش دەبیـت ئەگـەر کڵێسـاکەی کۆڵانەکـەی خـوارەوەی ئێـوە ئـەو بووژانەوەیـە ببینێـت؟ (سوپاسـی ئەنـدی جانسـن دەکـەم کـە ئـەم پرسـیارە مەزنـەی پـێ گوتـم!)

◊ ئایـا بـەردەوام بـۆ کڵێسـای کۆڵانەکـەی خۆتـان و هەمـوو کڵێسـاکانی دیکـە نوێـژ و نـزا دەکەیـت؟

◊ ئایـا هیـچ بـڕە پارەیـەک لـە بودجـەی کڵێسـاکەی خـۆت دابیـن دەکـەن بـۆ بوژانـەوەی کڵێسـای کـۆن یـان دامەزراندنـی کڵێسـای نـوێ لـە شـار و وڵاتەکـەی خـۆت و وڵاتانـی دیکـەدا؟

زۆر جـار کڵێسـا ئینجیلییـەکان لەگـەڵ یەکـتردا تووشـی پێشـبڕکێیەکی ناحـەز دەبـن. بـەڵام کڵێسـای نێردراوییێتییـە مەزنەکـە لەگـەڵ کڵێسـای دیکـەدا پێشـبڕکێ ناکـەن کـە مزگێنیـی مەسـیح چـەق و ناوەنـدی باوەڕیانـە، چونکـە دەزانێـت هەمـوو ئـەو کڵێسـایانەی کـە بایەخێکـی زۆر بـە مزگێنیـی مەسـیح دەدەن، سـەربە هەمـان تیمـی ئـەون.

کڵێسای نێردراوییێتییە مەزنەکە = کڵێسای دامەزراندنی کڵێسای دیکە

بابەتـە فراوانترەکـە ئەمەیـە: ئـەو کڵێسـایەی کـە بـاوەڕی بـە نێردراوییێتییـە مەزنەکـە هەیـە، کڵێسـایەکە کـە مزگێنـی دەدات و قوتابـی دروسـت دەکات، هەروەها کڵێسـایەکە کـە کڵێسـای دیکـە دادەمەزرێنێـت و دەیانبووژێنێتـەوە. ئـەو کڵێسـایە دەیەوێـت کـە پەرەسـەندنی شانشـینی خـودا لـە ڕێگـەی خزمەتەکەیـەوە ببینێـت، وە دەیەوێـت لـە ڕێگـەی کڵێسـای دیکـەوە، شانشـینی خـودا لـە چواردیـواری ئـەو کڵێسـایە دەربچێـت و فراوانـتر بێـت.

بۆیـە کڵێسـای نێردراوییێتییـە مەزنەکـە حـەز دەکات کـە پشـتگیریی کار و چالاکیـی مزگێنیـدان بـکات بـۆ ئـەوەی بـڕۆن و کەسـانی دەرەوە بهێنـن بـۆ نێـو کڵێسـا. هەروەهـا

حەز دەکات کە ببینێت هەواڵ و تەقەلاکانی لە دامەزراندن یان پشتگیریکردنی کڵێسای دیکەدا بگاتە لوتکە. تەنها بە سەلامەتبوون و باشبوونی خۆی ڕازی نابێت، بەڵکو دەیەوێت کە کڵێساگەلێکی تەندروست ببینێت کە بەپێی کتێبی پیرۆز بجوڵێنەوە و مزگێنیی مەسیح ڕابگەیەنن.

ئەو جۆرە کڵێسایە هانی کڵێسا ئینجیلییەکانی دیکە دەدات، تەنها ئەگەر چەندین کۆڵانیش لەمەوە دوور بن. وە بە ناو بۆ یەک بە یەکیان نوێژ و نزا دەکات. ئامادەیە کە کەسی باش بنێرێت بۆ ئەوەی هاوکاری کڵێساکانی دیکە بکات. وە کڵێسای دیکە لەوپەڕی دنیاوە دادەمەزرێنێت.

کڵێسا نێردراوییێتییە مەزنەکە کار و نوێژ دەکات بۆ ئەوەی پیاوی گونجاو پێبگەیەنێت تاکو ببنە پیرانی کڵێسا و دواتر خۆنەویستانە دەیاننێرێت بۆ مزگێنیدان.

هەوڵ دەدات کە بودجەی ساڵانەی لەگەڵ ئەم ئەرکە لەپێشینانە بگونجێنێت. هەندێک لە پارەکە لە شوێنی خۆی بە مەبەستی خزمەت دەمێنێتەوە، بەڵام هەندێک پارەی دیکە بۆ کاری دیکە دیاری دەکرێت، جا کارەکە نزیک بێت یان دوور. وە لە هەر شوێنێک پێی بکرێت، کڵێسا لاواز و مردووەکان دەبوژێنێتەوە.

لەنێو ئەندامەکانیدا، بە هەموو شێوەیەکی تایبەت و گشتی کار دەکات کە ئەم شێوازی کاری بەکۆمەڵە لەگەڵ کڵێساکانی دیکەدا بەکاربهێنێت. ئەندام و ڕابەرەکان هێندە دڵخۆشن بە کڵێسایەکی نوێ کە مزگێنیی مەسیح ڕادەگەیەنێت، وەک ئەوەی کە لە برسان خەریک بن بمرن و لەناکاو چێشتخانەیەکی نوێ بکرێتەوە.

کەواتە، کڵێسای نێردراوییێتییە مەزنەکە چی دەکات؟ دەمەوێت پێنج هەنگاوی گرنگ بخەمە بەردەستتان - چوار یەکەمیان لەم بەشەدا و یەکی کۆتایی لە بەشی داهاتوودا دەبێت.

گەشە بە کەلتوری بەقوتابیکردن بدە

یەکـەم، کڵێسـا نێردراوییێتییـە مەزنەکـە لەنێـو ئەندامەکانیـدا پـەرە بـە کەلتـوری بەقوتابیکـردن دەدات. یارمەتـی هەمـوو ئەندامـەکان دەدات کـە بەرپرسـیاریەتی هـاوکاری کردنـی ئەندامانـی دیکە بـە ئەسـتۆ بگـرن لـە گەشـەکردنی باوەڕیانـدا. پۆڵـس لـە (ئەفەسـۆس ٤: ١١- ١٢)دا دەڵێـت کـە شـوان و قەشـەکان گەلـی پیـرۆزی خـودا بـۆ خزمـەت تەیـار دەکات؛ واتـە خزمەتکردنـی ئیشـی هەمـوو گەلـی پیـرۆزی خودایـە. تـەواوی جەسـتەی مەسـیح (کڵێسـا) بـە خۆشەویسـتییەوە ڕاسـتیی دەڵێـن، گەشـە دەکات لـە کاتێکـدا خـۆی بنیـاد دەنێـت، وە هـەر بەشـێک لـە ئەندامـەکان ئیشـی خـۆی دەکات (ئەفەسـۆس ٤: ١٥- ١٦؛ یەکـەم کۆرنسـۆس ١٢؛ ١٤).

بەقوتابیکـردن واتـە شـوێنکەوتنی مەسـیح، واتـە هـاوکاری کردنـی کەسـێکی دیکـە بـۆ ئـەوەی شـوێن مەسـیح بکەوێـت (دووەم تیمۆسـاوس ٢: ٢). وە لـە کڵێسـای نێردراوییێتییـە مەزنەکـەدا، بـاوەڕداره بەئەزموونـەکان بـاوەڕداره نوێیـەکان دەکەنـە قوتابـی، وە خانمـە گەنجـەکان داوای یارمەتـی لـە خانمـە بەئەزموونـەکان دەکـەن. بـۆ نموونـە، ئەگـەر تـۆ کچێکـی گەنـج و سـەڵتی، دەتوانـی لـە بەرامبـەر کۆمەڵە پرسیارێکدا، پێشـنیاری شـۆردنی جلوبـەرگ بدەیتـە ئەندامێکـی کڵێسـا کـە ژنـی ماڵەوەیـە و بـە تەنهـا لەگـەڵ منداڵەکـەی دەژی! ئەگـەر پیـری کڵێسـایت و لـە قوتابخانـەی یەکشـەمانی کڵێسـا وانـە دەڵێیتـەوە، ئـەوا مامۆسـتایەکی نـوێ دابمەزرێنـە. وە ئامانجەکـەت ئـەوە بێـت کـە ئـەو مامۆسـتایە فێـر بکەیـت و لـە کۆتاییـدا تـەواوی ئیشـەکە بـەو بسـپێریت. بـەو شـێوەیە دەتوانیـت بڕۆیـت و لـە پۆلێکـی دیکـەدا وانـە بڵێیتـەوە و مامۆسـتایەکی نوێـی دیکـە بهێنیـت.

کڵێسـای نێردراوییێتییـە مەزنەکـە بەباشـی لـەوە تێـدەگات کـە فەرمانـی عیسـا بـۆ ڕۆیشـتن و مزگێنیـدان، تەنهـا یـەک شـوێنی جوگرافیـای دیاریکـراو ناگرێتـەوە. بـۆ ئەوانـەی کـە دەمێننـەوە، «ڕۆیشـتن» دەکرێـت بـە واتـای نزیکبوونـە لـە کڵێسـا یـان گروپێـک لـە ئەندامەکانـی بێـت. بـەو شـێوەیە ئاسـانتر دەتوانیـت لـە تـەواوی ڕۆژانـە هەفتـەدا خزمەتـی کەسـانی دیکـە بکەیـت. لـە کـوێ دەژیـت؟ ئایا هـاوکاری کڵێسـاکەت

دەکەیت کە بەقوتابیکردن بکەنە کەلتور بەجۆرێک کە شوقەیەک بە کرێ بگریت یان خانوویێک بکڕیت؟

کڵێسای نێردراوییێتییە مەزنەکە دەبێت ئاسوودە نەبێت، وە بگرە دژی باوەڕداری تەقلیدی بوەستێتەوە. ئەگەر تۆ کەسێکیت کە وەکو بەشێک لە ئەرکی ئایینی، وەکو میوان تەنها ڕۆژانی یەکشەمە بڕۆیت بۆ کڵێسا، ئەوا لەوانەیە زۆر حەزت لەو کڵێسایە نەبێت. بێگومان پێشوازیت لێ دەکرێت، بەڵام ئەندامەکانی دیکە وەکو تۆ نابن. ئەوان هەموو ژیانیان لەپێناو شوێنکەوتنی مەسیحدا دادەنێن، وە پەیوەستن بەوەی کە لە شوێنکەوتنی مەسیح یارمەتی یەکتر بدەن. ئەم جۆرە پەیوەستبوون و کار و چالاکییە بەشێکە لە کەلتورەکە: پرسیاری تایبەت و دیاریکراو، گفتوگۆی واتادار، نوێژ و نزا و یادەوەریی بەردەوامیی مزگێنیی مەسیح.

بۆ زانیاریی زیاتر لەسەر ئەم بابەتە، بڕوانە ئەم بەرهەمانەی ڕۆبەرت کۆڵمن و کۆڵن مارشڵ و یان بەرهەمی تایبەت بە خۆم.[a]

گەشە بە کەلتوری مزگێنیدان بدە

دووەم، کڵێسای نێردراوییێتییە مەزنەکە پەرە بە کەلتوری مزگێنیدان دەدات. لە لایەکی دیکەوە، ئەندامان دەزانن کە لە هەموو کۆبوونەوەکانی هەفتانەدا باسی مزگێنیی مەسیح دەکرێت. بۆیە دڵخۆش دەبن کە هاوڕێ نامەسیحییەکانیان بانگهێشت بکەن. مزگێنی لە ڕێگەی گۆرانی ڕۆحی و نوێژ و نزا و هەموو وتارەکانەوە دەدرەوشێتەوە.

ئایا دڵنیای لەوەی کە هەموو ئەو نامەسیحیانەی کە لەگەڵ تۆ دێنە کڵێسا، گوێیان لە پەیامی مەسیح دەبێت؟ ئەگەر دڵنیا نیت، لەم بارەوە دەتوانیت چ بکەیت؟

---

a Robert Coleman's Master Plan of Evangelism, Colin Marshall and Tony Payne's The Trellis and the Vine, or my own *Discipling.*

هەروەها کڵێسای نێردراوییێتییە مەزنەکە لە ڕووی مزگێنیدانەوە کار لەسەر ڕاهێنانی ئەندامەکانی دەکات، چونکە دەزانێت کە بە درێژایی هەفتە هێندە کەسانی نامەسیحی دەبینن کە ئەگەر هەموویان کۆ بکەیتەوە، لەنێو کڵێسادا جێیان نابێتەوە. کەواتە «سەرکەوتن» لە مزگێنیداندا تەنها ئەوە نییە کە هاوڕێ نامەسیحییەت بهێنیت بۆ کڵێسا بۆ ئەوەی گوێ لە پەیامی مەسیح بگرن. سەرکەوتن ئەوەیە کە مزگێنی بدەیتە دراوسێ و هاوڕێکانت.

کەواتە، کڵێسا کار دەکات بۆ تەیارکردنی ئەندامەکانی بۆ ئەوەی بزانن کە چۆن مزگێنی بدەنە کەسانی دیکە. کڵێساکەی ئێمە لە ڕێگەی وانەی تایبەت بە مزگێنیدان لە ڕۆژانی یەکشەمەدا ئەو کارە دەکات کە وانەکە بۆ کەسانی گەورە و پێگەیشتووە. هەوڵ دەدەم لە وتارەکانمدا ببمە نموونە لەمەڕ چۆنیەتی قسەکردن لەگەڵ نامەسیحییەکاندا، بەتایبەتی ئەو کاتانەی کە ڕووی دەمم لە نامەسیحییەکانە. لە ڕێگەی بەخشینی کۆمەڵێک بابەت و ئامرازی مزگێنیدانەوە هەوڵی تەیارکردنی ئەندامەکانمان دەدەین، لەوانە «دوو ڕێگا و شێوازی ژیان» یان «ڕوونکردنەوەی مەسیحییەت» یاخود «پشکنینی مەسیحییەت». هەروەها کتێبەکەی (گرێگ گیڵبرت) کە ناوی «عیسای مەسیح کییە؟»مان داوەتە ئەندامەکانمان تاکو ئەوانیش بیدەنە هاوڕێ نامەسیحییەکانیان. هەروەها لە کۆبوونەوەی ئێوارانی یەکشەمەدا، باسی دەرفەتی مزگێنیدان دەکەین. گوێگرتن و نوێژکردن بۆ دەرفەتی مزگێنیدانی کەسانی دیکە، وا دەکات کەسانی دیکەش هان بدرێن کە هەواڵی خۆشی مەسیح بڵاو بکەنەوە.

بە ڕای تۆ نێردراوییێتییە مەزنەکە واتای چییە؟ واتە، عیسا داوای لێ کردووی کە قوتابی دروست بکەیت. داوای لێ کردووی کە مزگێنی بدەینە نامەسیحییەکان و مەسیحییەکان بکەیتە قوتابی. دەبێت لە ئاست خۆتەوە ئەم کارە بکەیت، لە ماڵەوە، لەسەر کار، لە گەڕەکەکەتدا، لەنێو هاوڕێکانتدا. دەبێت لەنێو کڵێساکەتدا و لە ڕێگەی کڵێساکەتەوە ئەم کارە بکەیت.

بۆیـە، داوا لـە ئەندامانـی دیکـەی کڵێسـاکەت بکە کـە هاوکاریـت بکـەن. بـۆ نموونـە، پیرێکـی کڵێسـاکەت بانگهێشـتی نانـی نیـوەڕۆی بکـە و داوای ڕاوێـژ و ئامـۆژگاری لـێ بکـە. بـە گروپـە بچووکەکەتـی بڵـێ و لەگەڵیـان نوێـژ بکـە. لەگـەڵ هاوڕێکانتـدا بـڕۆ دەرەوە و مزگێنـی بـدە.

بـۆ زانیـاری زیاتـر لەسـەر ئـەم بابەتـە، بڕوانـە کتێبەکانـی (مـاک سـتایڵز)، بەتایبەتـی «مزگێنیـدان: چـۆن تـەواوی کڵێسـا باسـی مەسـیح دەکـەن» یاخـود کتێبەکـەی مـن بـە نـاوی «ئینجیـل و مزگێنیدانـی کەسـی».[a]

هەوڵ بدە لە ڕێگەی نێردراوەوە مزگێنی بدەیتە ئەوانەی کە مزگێنییان پێ نەدراوە

سـێیەم، کڵێسـای نێردراوییێتییـە مەزنەکـە هـەوڵ دەدات لـە ڕێگـەی نێـردراوەوە مزگێنـی بداتـە ئەوانـەی کـە مزگێنییـان پـێ نـەدراوە. جیـاوازی چییـە لەنێـوان نێـردراو و مزگێنیـدان و دامەزراندنـی کڵێسـا لـە وڵاتەکـەی خۆتـدا؟ لەڕاسـتیدا نێـردراو بـەو کەسـە دەڵێیـن کـە لەنێـو گـەل و کەلتـور و وڵاتەکانـی دیکـەدا مزگێنـی دەدات و کڵێسـا دادەمەزرێنێـت.

عیسـا فەرمانـی پـێ کردیـن کـە بڕۆیـن و هەمـوو نەتـەوەکان بکەینـە قوتابـی. قسـەیەکی زۆرم لەسـەر ئـەم بابەتـە نەکـردووە، چونکـە کتێبێکـی زۆری لەسـەر نـووسراوە. زەحمەتـە لـەوە تێبگەیـت کـە چـۆن کڵێسـایەک دەتوانێـت ئـەم فەرمانـەی عیسـا بخوێنێتـەوە بەبـێ ئـەوەی کـە سـوور بێـت لەسـەر ئـەوەی کـە مزگێنـی بداتـە ئـەو وڵاتانـەی کـە هەتـا ئێسـتا مزگێنییـان پـێ نـەدراوە.

هیـچ کڵێسـایەک بـە تەنهـا ناتوانێـت مزگێنـی بداتـە هەمـوو دنیـا. بۆیـە، کارێکـی ژیرانەیـە کـە کڵێسـاکان کـە تەنهـا نێـردراو بـۆ چەنـد شـوێنێکی دیاریکـراو دەنێـرن. بـۆ نموونـە، کڵێسـاکەی ئێمـە سـەرنجی لەسـەر چەندیـن وڵاتـە کـە دەکەونـە نێـو بازنـەی

---

a Mack Stiles, Evangelism: How the Whole Church Speaks of Jesus.
The Gospel and Personal Evangelism.

٤٠/١٠، کـە هەرێمـی نیوەگـۆی ڕۆژهـەڵات دەگرێتـەوە، لەنێـوان هێڵـی ١٠ و ٤٠ی باکـوری هێڵـی کەمەرەیـی. کەمتریـن بـاوەڕدار لـەو هەرێمـەدا دەژی.

ئەگـەر تـۆ ئەندامـی کڵێسـاکەی ئێمـەی و حـەز دەکەیـت بڕۆیـت لـە وڵاتانـی دیکـە مزگێنـی بدەیـت، ئـەوا دەتوانیـن پشـتگیریت بکەیـن و بتنێریـن بـۆ یەکێـک لـەو وڵاتانـەی کـە پێشـوەخت سـەرنجمان لەسـەری بـووە. ئێمـە ناتوانیـن پشـتگیری لـە سـەد کـەس بکەیـن کـە بڕۆیـن بـۆ سـەد وڵاتـی جیـاواز. بۆیـە، باشـتر وایـە کـە بـە پارەیەکـی بـاش، پشـتگیری چەنـد مزگێنیدەرێـک بکەیـن نـەک ئـەوەی کـە بـە پارەیەکـی کـەم پشـتگیری چەنـد مزگێنیـدەر بکەیـن. بـەو هۆیـەوە مزگێنیـدەرەکان پێویسـت نـاکات خەمـی پارەیـان بێـت و لـە جێگـەی ئـەوە دەتوانـن هـزر و بیریـان بەتـەواوی لەسـەر دامەزراندنـی کڵێسـا بێـت. هەروەهـا دەتوانیـن پەیوەندیـمان لەگەڵیـان هەبێـت و پێشـنیاری بەرپرسـیاریەتییان بخەینـە بـەردەم.

کڵێسـاکەی ئێمـە ڕاسـتەوخۆ لەگـەڵ مزگێنیـدەرەکان کار دەکات، هەروەهـا لەگـەڵ ئەو ڕێکخراوانـەش کار دەکەیـن کـە ئیشـیان ناردنـی مزگێنیـدەرە. بـۆ نموونـە، (ڕێکخـراوی ئینتەرناشـناڵ میشـن بـۆرد)[a]. هەروەهـا دەسترەسـیمان هەیـە بـە گـروپ و دەسـتەی زۆر مەزنـی وەکـو (ئەکسـێس پارتنـەرز)[b]، کـە لـە ڕێگـەی گەشـتەوە یارمەتـی ناردنـی کەسـانی سـەرمایەدار دەدات بـۆ ئـەوەی لـە شـوێنی گرنـگ و هەسـتیاردا بـۆ ماوەیەکـی زۆر یارمەتـی مزگێنیـدەران بـدەن.

تـۆ وەکـو تاکێکـی بـاوەڕدار، دەبێـت چ دەور و ڕۆڵێکت لـە هاوکاریکردنی کڵێسـاکەتدا هەبێـت لەبـارەی مزگێنیـدان بەوانـەی کـە هەتـا ئێسـتا هیچ شـتێک لەبارەی مەسـیحەوە نازانـن؟ بێگومـان دەبێـت نوێـژ بـۆ مزگێنیدەرانـی کڵێسـاکەت بکەیـت. هـەوڵ بـدە مزگێنیـدەرەکان بناسـیت بەتایبـەت کاتێـک کـە بـۆ ماوەیەکـی کاتـی دەگەڕێنـەوە. هـەوڵ بـدە بەشـداری لـە سـەفەر و گەشـتی کورتـی مزگێنیدانـدا بکەیـت و هـاوکاری

a International Mission Board

b Access Partners

مزگێنیـدەرە بەردەوامـەکان بـدە. ژیاننامـەی مزگێنیـدەران بخوێنـەوە. وە لەوانەیـە بتەوێـت بیـر لـەوە بکەیتـەوە کـە خـۆت ببیتـە مزگێنیـدەر. دوای دوو بەشـی دیکـە، دەگەڕێینـەوە سـەر ئـەو پرسـیارە.

یـەک شـتی دیکـە هەیـە کـە تـۆ و کڵێسـاکەت دەتوانـن بیکـەن بـە مەبەسـتی مزگێنیـدان بەوانـەی کـە هەتـا ئێسـتا گوێیـان لـە مزگێنیـی مەسـیح نەبـووە: قوتابـی و کەسـانی نێودەوڵەتـی لـە شـارەکەتدا پەیـدا بکـە. کڵێسـاکەی ئێمـە بـە سـەختی لـە هەوڵـی ئەوەدایـە کـە مزگێنـی بداتـە قوتابییـە نێودەوڵەتییـەکان. چ گروپێکـی نێودەوڵەتـی لـە شـارەکەی تـۆدا دەژیـن؟ ئەگـەر لـە شـارەکەی خۆتـدا مزگێنییـان پـێ بدەیـت، ئـەوا ئەگەرێکـی زۆر هەیـە کـە ئەوانیـش لەگـەڵ ڕۆشـتنەوەیان ئـەو مزگێنییە لەگـەڵ خۆیـان ببەنـەوە.

بـۆ زانیاریـی زیاتـر لەسـەر ئـەم بابەتـە، بڕوانـە کتێبەکـەی (جـان پایپـەر) بـە نـاوی «بـا نەتـەوەکان دڵخـۆش بن».[a]

کار بۆ بەهێزکردنی کڵێساکانی دیکە بکە

کڵێسـاکان بەگشـتی بودجەیەکـی دیاریکراویـان بـۆ خزمەتـی نێردراوایێتـی هەیـە. باشـتر وایـە کـە بودجەیەکـی تایبەتیـش بـە «پـەرەدان بـە کڵێسـا تەندروسـتەکان» زیـاد بکـەن. کارکـردن بـۆ بەهێزکردنـی کڵێسـاکانی دیکـە، چـوارەم کاری کڵێسـاکانی نێردراوییێتییـە مەزنەکەیـە.

کڵێسـاکەی ئێمـە ئـەم بودجەیـە بـۆ پشـتگیریکردن لـە کۆمەڵێـک شـت بەکاردێنێـت، لەوانـە بەرنامـەی ڕاهێنانـی شـوان و قەشـەکان. سـاڵانە پشـتگیری مـادی دوازدە پیـاو دەکەیـن کـە لەگـەڵ ئێمـەدا ڕاهێنـان بکـەن کـە زۆربەیـان دەبنـە شـوان و قەشـە یاخـود خزمەتـی کڵێسـاکانی دیکـە دەکـەن.

---

a John Piper, Let the Nations Be Glad

هەروەهـا هەمـان بودجـە بـۆ پشـتگیری ڕێکخـراوی (٩نیشـانەکان) بەکاردێنیـن، کـە کاریـان دامەزراندنـی کڵێسـای تەندروسـتە.

ئێمـە بـە تایبـەت بـە جۆرێـک سـتافی کڵێسـاکەمان ڕێـک خسـتووە کـە ڕاهێنانیـان پـێ بکرێـت و بنێردرێـن بـۆ مزگێنیـدان. یاریدەدەرانـی شـوانەکان دوو بـۆ سـێ سـاڵ خزمـەت دەکـەن، ئینجـا چاوەڕوانـی ئەوەیـان لـێ دەکرێـت کـە بـڕۆن. جێگرانـی قەشـە و شـوانەکان سـێ بـۆ پێنـج سـاڵ خزمـەت دەکـەن، ئینجـا دەڕۆن. تەنهـا مـن و قەشـە هاوڕێکانـم (لەگـەڵ ئـەو شـوان و پیرانـەی کـە سـەربە سـتافی کڵێسـا نیـن) چاوەڕوانـی ئەوەیـان لـێ دەکرێـت بـۆ ماوەیەکـی زۆر لـە کڵێسـادا بمێننـەوە. باقـی کەسـانی دیکـە تەیـار دەکرێـن و دەنێردرێـن بـۆ مزگێنیـدان.

کڵێسـاکەی ئێمـە پشـتگیریی مادیـی کۆنفرانسـی ڕۆژانـی پشـوو دەکات، کـە قەشـەکان لـە وڵاتانـی جیـاوازەوە دێـن و بەشـداری لـە کۆبوونـەوە بەردەوامەکانـی ئێمـەدا دەکـەن لەگـەڵ وانـەی تایبـەت و پرسـیار و وەڵام. هەروەهـا بـە هەمـان مەبەسـت، هەفتانـە لەگـەڵ قەشـە و شـوانەکانی وڵاتانـی دیکـە بەشـداری لـە کۆنفرانسـی تەلەفۆنـی دەکـەم. هـەر یـەک لـەم گفتوگۆیانـە دەرفەتـی ئـەوە بـە مـن دەدات کـە نوێـژ بکـەم و کار بـۆ کڵێسـا تەندروسـتەکانی هەمـوو جیهـان بکـەم.

زۆربـەی ئـەو کارەی کـە دەیکەیـن بـە مەبەسـتی بەهێزکردنـی کڵێسـاکانی دیکـە لـە ڕێگـەی دامەزرانـدن و بووژانـەوەی کڵێسـا، لـە هەرێمەکـەی خۆمانـدا دەیکەیـن. لـە بەشـی داهاتـوودا باسـی ئـەم بابەتـە دەکـەم (بـە کورتـی، بەشـی داهاتـوو تەواوکـەری ئەمەیـە). هەروەهـا لـە وڵاتەکانـی دیکەشـدا، هەندێـک کڵێسـا دادەمەزرێنیـن و پشـتگیریی لـە بوژانـەوەی کڵێسـاکان دەکەیـن. بـۆ نموونـە، ئێمـە برایەکـمان بـە نـاوی «جـان» نـارد بـۆ کڵێسـایەکی ئیـمارات کـە دە سـاڵ لەمەوپێـش بـەدوای شـوانێکدا دەگـەڕان. خـودا جانـی زۆر بـاش بەکارهێنـا لـە بوژانـەوەی ئـەو کڵێسـا نێودەوڵەتییـەدا. یەکێـک لـە پیرەکانـی ئـەو کڵێسـا کـە نـاوی (مـاک) بـوو و یارمەتـی ناردنـی جانـی دا بـۆ ئیـمارات، هاوڕێـی مـن بـوو. کاتێـک جـان و مـاک کڵێسـاکەیان هێنایـە ئاسـتێکی

باش و تەندروست، ماک و برایەکی دیکە بە ناوی (دەیڤ) ڕۆیشتن و لە کڵێسایەکی دیکەیان لە دووری چەند کیلۆمەترێک دامەزراند. ئێمەش یاریدەدەر و فێرخوازێکمان نارد کە لە دامەزراندنی ئەو کڵێسایەدا هاوکاری ماک و دەیڤ بکەن. وە هاوکات شوانێکی دیکەمان نارد کە لە شارێکی دیکەی ئیمارات کڵێسایەکی دیکە دابمەزرێنێت.

ئێمە ئێستا لەم وڵاتە ئیسلامییەدا سێ کڵێسای تەندروستمان هەیە کە بەردەوامن لەسەر خزمەتکردن. هیچ کام لەوانە بەشێک نەبوون لە پلانی مەزن و گەورەی ئێمە. دەرفەتی بووژانەوەی و دامەزراندنی ئەو کڵێسایانە تەنانەت لەسەر پێشنیاری ئێمە نەبوو. ئێمە تەنها بەپێی توانا نوێژمان کرد، هاوکاریمان کردن، لە ڕووی مادییەوە پشتگیریمان کردن و کەسی گونجاومان نارد بۆ یارمەتییان. پێش ئەوەی بیرم بچێت، دەبێت باسی ئەوەش بکەم کە هەندێ لە ئەندامانی کڵێساکەمان ئیشەکانی خۆیان گواستووەتەوە بۆ ئەوێ تاکو هاوکاری ئەو کڵێسایانە بکەن. کڵێساکەی ئێمە تەنها ئەوەی بەدەست دەگات کە دڵخۆش دەبێت لە بینینی فراوانبوونی شانشینی خودا لەو سەرزەمینە دوورەدا.

زۆرێک لەم نموونا تیشک دەخاتە سەر ئەوەی کە من وەکو شوان چیم کردووە. بەڵام تۆ کە ئەندامێکی ئاسایی کڵێسای، چیت پێ دەکرێت کە باسی بەهێزکردنی کڵێساکانی دیکە دەکەین، جا ئیدی لە ناوچەکەی ئێوەدا بێت یان لە وڵاتێکی دیکە؟ بێگومان دەتوانیت بەتایبەتی نوێژیان بۆ بکەیت. دەتوانیت لەگەڵ خێزانەکەتدا لە کاتی نانی ئێوارەدا نوێژ بۆ کار و خزمەتی دیکە بکەیت و پشگیریی مادییان بکەیت.

بێگومان ئاگادار بیت کاتێک ڕەخنە لە کڵێساکانی دیکە دەگریت. بەڵێ دەکرێت کە بیروباوەڕ و ئەو شتانەی کە لە کڵێساکەی ئێوەدا دەکرێت جیاواز بێت لە هی کڵێساکانی دیکە، وە بێگومان هۆکاری دیاریکراومان بۆ ئەو جیاوازییانە هەیە. من ناڵێم کە ئەو جیاوازییانە وەلاوە بنێی، بەڵام بیرت بێ ئەو جیاوازییە لاوەکییانە

کـە لەگـەڵ کڵێسـاکانی دیکـە هەمانـە، هەرگیـز بـە ئەنـدازەی ئـەو مزگێنییـە گرنـگ نییـە کـە بـە کەسانی دیکـەی دەدەیـن. بۆیـە خـۆت لـە ڕۆحـی ڕەخنەگـر بـەدوور بگـرە و بـەدوای ڕێگەگەلێکـدا بگـەڕێ کـە بتوانیـت بەهـۆی مزگێنیپێدانـەوە دڵخـۆش بیـت. بڕوانـە (لۆقـا ١١: ٤٩- ٥٠) کـە عیسـا قوتابییەکانـی ئـاگادار دەکاتـەوە.

لـە کۆتاییـدا، بزانـە کـە تـۆ یـان ئەوەتـا مزگێنیـدەر دەنێریـت یـان خـۆت دەڕۆیـت و مزگێنـی دەدەیـت. ئـەم بابەتـە گرنگـە بۆیـە لـە بەشـی نـۆدا قسـەی لەسـەر دەکەیـن. بـەڵام سـەرەتا، بـا لـە بەشـی هەشـتەم بـەردەوام بیـن لەسـەر گفتوگـۆی هاوکاریکردنـی کڵێسـاکانی دیکـە، بـە تایبەتـی ئەوانـەی کـە لـە ناوچەکـەی خۆتـدان.

بەشی هەشتەم

کارێکی دیکەی کڵێسای نێردراوییێتییە مەزنەکە

من بەردەوام بە کڵێساکەمان دەڵێم کە تەنها دەمانەوێت خەڵکی خۆراکی ڕۆحی وەربگرن؛ وە پێویست ناکات لە چێشتخانەکەی ئێمە نان بخۆن. چەند شوێنی باش لە شارەکەی ئێمەدا هەیە کە دەتوانن بڕۆن و لەوێ خۆراکە ڕۆحییەکە وەربگرن. ئێمە دەمانەوێت کە ئاستی برسییێتیی ڕۆحی لەسەر هەسارەکەمان کەم ببێتەوە.

بۆیە، کڵێسای نێردراوییێتییە مەزنەکە تەماشا دەکات بزانێت ئاخۆ لە ناوچەکەی ئەواندا هیچ کڵێسایەک پێویستی بە یارمەتی هەیە. لەوانەیە ئەو کڵێسایانە کێشەیان هەبێت، یان بگرە لە فێرکردن و کارەکانیاندا مزگێنیی مەسیحیان گۆڕیبێت و شێواندبێتیان. بابەتەکە هەرچی بێت، دەبێت حەز بکەین کە دووبارە ناوی مەسیح جاڕ بدەن. ئەو کڵێسا ناتەندروستە کە ناوبانگێکی باشی لە کۆمەڵگەکەیدا نییە، دەبێت پەڵەیەکی ڕەش بەنێو چاوی مەسیحییەتەوە. بۆیە کڵێسا نێردراوییێتییە مەزنەکە حەز دەکات هاوکاری ئەو کڵێسایە بکات تاکو ناوبانگە باشەکەی بۆ بگەڕێتەوە. تەنها کڵێسای نوێ دانامەزرێنێت، بەڵکو هەوڵ دەدات ئەو کڵێسایەش چاک بکات کە نەوەی پێشتری باوەڕداران بێباکانە بە خراپی بەجێیان هێشتووە.

یان لەوانەیە گەڕەکێک لە شارەکەی ئێوەدا یان لە دەرەوەی شاردا هەیە کە هیچ جۆرە کڵێسایەکی تێدا نییە کە مزگێنیی مەسیح ڕابگەیەنێت. لەوانەیە پێویستی بەوە بێت کە کڵێسایەکی نوێی تێدا دابمەزرێت. کڵێساکەی تۆ دەتوانێت لەم بارەیەوە چی بکات و چ هاوکارییەک پێشکەش بکات؟

له ناوخۆی وڵاتدا هانی پەرەسەندنی مزگێنیی مەسیح بدە

لـە بەشـی ڕابـردوودا باسـی چـوار کاری کڵێسـای نێردراواییێتییـە مەزنەکەمـان کـرد. بەشـێکی تایبەتـم بـۆ پێنجـەم کار دانـاوە نـەک لەبـەر ئـەوەی کە گرنگـترە لـە چوارەکەی دیکـە، بەڵکـو لەبـەر ئـەوەی کـە بـاوەڕداره ئینجیلییـەکان کەمـتر باسـی دەکەن. کڵێسـای نێردراوییێتیـی مـەزن هانـی پەرەسـەندنی مزگێنیـی مەسـیح لـە ناوخـۆی وڵاتـدا دەدەن.

زۆر سوپاسـگوزاری خـودام بـۆ ئـەو کارەی کـە لـە دوو دەیـەی ڕابـردوودا لـە شـارەکەم، واشـنتن، ئەنجامـی داوە. کاتێـک بیسـت سـاڵ لەمەوپێـش هاتمـە ئـەو شـارە، لـە ناوچـەی (کاپیتـۆڵ هیـڵ) کڵێسـایەکی هێنـدە تەندروسـت لـەو ناوچەیـە نەبـوون کـە بتوانـم بـۆ کەسـانی دیکـەی پێشـنیار بکـەم. ئێسـتا لانـی کـەم زیاتـر لە شـەش کڵێسـای تەندروسـت تەنهـا لـە دەوروبـەری ئێمـە هـەن کـە دەتوانـم پێشـنیار بکـەم خەڵکی بـڕۆن سـەردانیان بکـەن، تەنانـەت ژمارەیەکـی زۆر زیاتـر لـە تـەواوی هەرێمەکەمانـدا هەیـە. ئێمـە نـاوی ئـەم کڵیسـایانە دەنووسـین کـە دەستەخۆشـکی ئێمـەن و لەسـەر دەرگای کڵێسـاکەمان دایاندەکوتیـن. ئەگـەر کەسـێک حـەزی لـە کڵێسـاکەی ئێمـە نەبـوو، یـان دوور بـوو لێـوەی، ئـەوا دەتوانێـت یەکێـک لـەو کڵێسـایانەی دیکـە تاقـی بکاتـەوە.

بێگومـان لـە هەندێـک شـتدا ئـەو کڵێسـایانە جیـاوزن لـە ئێمـە، بـەڵام ئێمـە هەمـان مزگێنـی ڕادەگەیەنیـن. ئێمـە دڵخۆشـین کـە خـودا لـە نیعمـەت و میهرەبانیـی خۆیـدا چاکـەی خـۆی بەسـەر ناوچـە و هەرێمەکەمانـدا ڕژانـدووە. ئێمـە لە کاتێکدا دەژیـن کە مزگێنیـی مەسـیح لـە پەرەسـەندنێکی فراواندایـە. ئایـا دەبێـت کاری زیاتـر بکەیـن؟ بەڵێ، سـوپاس بـۆ خـودا بـۆ هەمـوو ئـەو کارانـەی کـە هەتـا ئێسـتا ئەنجامـی داوە.

تەنانـەت ئەگـەر دەرگای کڵێسـاکەی مـن و تـۆش دابخرێـت، ئـەوا هەرگیـز بـۆ یـەک سـاتیش گومانـت لـەوە نەبێـت کـە خـودا سـەردەکەوێت. پۆڵـس دەڵێـت: «وشـەی خـودا کـۆت ناکرێـت» (دووەم تیمۆسـاوس ٢: ٩). ئـەوەت بیـر نەچێـت کـە پۆڵـس لـە کاتـی گوتنـی ئەمـەدا، لـە زینـدان بـوو. لەوانەیـە هەندێـک لـە هاوڕێکانـی نیگـەران

بووبێـتن و خەمـی پەرەنەسـەندنی مزگێنیـی مەسـیحیان بووبێـت. پۆڵـس پێیـان دەڵێـت کـە وشـەی خـودا کـۆت ناکرێـت و ئازادانـە دێـت و دەڕوات. تەنانـەت ئازادانـە بەنێـو زیندانـدا تێدەپەڕێـت.

سـەرنجی ئـەوە بـدە کـە مەسـیحییەت لە بیسـت سـاڵی ڕابـردوودا لـە وڵاتـی نیپاڵ چی کـردووە. لـەم وڵاتـە زۆرینە هیندۆسـەدا، مەسـیحییەت قەدەغە بووە و چەوسـانەوەیەکی زۆر لەسـەر باوەڕدارانـی مەسـیح هەبـووە و زۆرێـک لـە بـاوەڕداران کەوتوونەتـە سجن و زیندانـەوە. بـەڵام دەزانیـت چـی ڕووی دا؟ مەسـیحییەکان لـە زیندانـدا دەسـتیان کـرد بـە مزگێنیـدان. سیسـتەمی زینـدان بـوو بـە ڕێگـەی مزگێنیـدان بـە تـەواوی وڵاتەکـە! ئـەم جـۆرە شـتە چەندیـن جـار لـە مێـژووی گەلـی خـودادا دووبـارە بووەتـەوە. وشـەی خـودا بەردەوامـە.

دەبێـت کـەم کـەم لـە قەپاغەکـەی خۆمـان بێینـە دەرەوە و تەنهـا بایـەخ بە کڵێسـاکەی خۆمـان نەدەیـن، بەڵکـو بـەدوای ڕێگەگەلێکـدا بگەڕێیـن کـە لـە شـارەکانی دیکـەدا پـەرە بـە مزگێنیـی مەسـیح بدەیـن، بـە کڵێسـاکانی دیکەشـەوە.

دامەزراندن و بوژانەوە

ئـەو ڕێگـە سـەرەکییەی کـە ئێمـە هەوڵمان داوە پـەرەی پـێ بدەیـن بـە مەبەسـتی مزگێنیدانـی زیاتـر لـە شـارەکەماندا، پێـک دێـت لـە بووژانـەوەی کڵێسـا مـردووەکان و دامەزراندنـی کڵێسـای نـوێ.

بووژانـەوەی کڵێسـا کارێکـی ئاسـان نییـە. بێگومـان هۆکارێـک هەبـووە کـە ئـەو کڵێسـایە پێشـوەخت بـەرەو لەناوچـوون چـووە، وە ئەگـەری ئـەوە هەیـە کـە هەندێـک لـەو هۆکارانـە پەیوەنـدی بـە ئەندامانـی کڵێسـاوە بێـت! پێویسـتمان بـە کەسـی تایبـەت هەیـە کـە بـڕوات و ڕابەرایەتیـی ئـەو کڵێسـا نەخۆشـە بـکات و هـەوڵ بـدات چاکـی بکاتـەوە، وە ئەندامانـی کڵێسـاش دەبێـت ئامادەیـی ئەوەیـان تێدا بێـت کـە دەسـتی هـاوکاری و یارمەتـی قبـوڵ بکـەن.

زیاتر لە جارێک، کڵێسای لەو چەشنە خۆیان لە بەردەم ئەم بژاردەیەدا دۆزیوەتەوە: یان ئەوەتا تاپۆ و کلیلی کڵێساکەیان دەدەنە کڵێسایەکی دیکە، یاخود کڵێسایەکی دیکە شوێنەکەی ئەمان بەکاردێنن؛ یان دەتوانن ئەم پێشنیارەی ئێمە قبوڵ بکەن: «ئێمە کۆمەڵێک کۆمەڵێک ئەندام و شوانێک و پارەی دوو ساڵی مووچەی شوانەکەتان بۆ دابین دەکەین و دەتوانن بەردەوام بن لەسەر بەکارهێنانی ناوی کڵێسا و بیناکەی خۆتان. لە بەرامبەردا هیچمان لە ئێوە ناوێت. هەمووی بۆ خۆتان». ئەوان زانیارییەکی ئەوتۆیان لەسەر ئەوە نییە کە ماوەیەکی باشە ڕاهێنان بەو شوانە دەکەین کە بەتەواوی سەرنجی لەسەر مزگێنی بێت، وە بەڕوونی وتار بدات، وە بە خۆشەویستییەوە کڵێساکە چاک بکاتەوە. دەتوانیت وەکو ئۆپراسیۆنی نهێنی چاوی لێ بکەیت.

هەندێک کات ئەندامانی کڵێسامان ناردووە بۆ ئەو کڵێسایانەی کە لە دەرەوەی شارن، بۆ ئەوەی ئەوانەی کە لە دوورەوە دەهاتن بۆ کڵێساکەمان چیتر پێویست نەکات ئەو ڕێگایە ببڕن. هەندێک کات کڵێسا مردووەکان نزیک بوون لە ماڵی باوەڕدارانەوە. ئێمە لەپێناو پەرەسەندنی مزگێنیی مەسیحدا هەوڵ دەدەین دەرفەتەکان بە باشترین شێوە بەکاربهێنین.

هاوکات دەمانەوێت لە هەرێمەکەماندا کڵێسای نوێ دابمەزرێنین. زۆر نییە کە پەنجا ئەندام و سێ پیری کڵێسامان ناردە یەکێک لە گەڕەکە هەژارەکانی واشنتن. بەڕێز (تابیتی) کە لێپرسراوی پیران بوو، شەش مانگ پێش ئەوە چەندین جار لە کڵێسادا وتاری داوە. بەو شێوەیە ئەندامانی کڵێسا متمانەی بە ڕابەرایەتییەکەی دەکەن و شوێنی دەکەون. ئێستا، لە هۆڵی قوتابخانەدا کۆبوونەوەکانیان ئەنجام دەدەن هەتا ئەو کاتەی شوێنکی بەردەوام و جێگیری پەیدا دەکەن. وە هاوکات ئێمە هەرچیمان لەدەست بێت، بۆیان ئەنجام دەدەین. وای بۆ دەچم کە لە چەند ساڵی داهاتوودا، چەند ئەندامێکی دیکەیان بۆ دەنێرین.

ئامانج لە هەموو ئەمانە، بووژانەوە یان دامەزراندنی کڵێسای نوێ، ئەوەیە کە کڵێسای سەربەخۆ لە هەموو هەرێم و ناوچەیەکی شارەکەمان، واشتن بڵاو ببێتەوە،

بـۆ ئـەوەی نزیـک بێـت لـە ماڵـی باوەڕدارانـەوە و پێویسـت نـەکات چیـتر سـەردانی کڵێسـا دوورەکان بکـەن. حـەز دەکەیـن کـە بـاوەڕداران ئاسـانتر ژیانـی کەسـیی خۆیـان لەگـەڵ کڵێسـادا تێکـەڵ بکـەن وە بـەو شـێوەیە کەلتـوری بەقوتابیکـردن پەرە پـێ دەدەن.

نوێژ، کۆبوونەوە و خزمەت، سێمینار و زیاتر

چەندیـن شـتی دیکـە هـەن کـە بـە مەبەسـتی مزگێنیـی زیاتـر لـە ناوچەکەمانـدا، ئەنجامـی دەدەیـن. هەفتانـە لـە کۆبوونـەوە سـەرەکییەکەماندا، بەتایبەتـی نوێـژ بـۆ کڵێسـاکانی دیکـە دەکەیـن. هەروەهـا لەگـەڵ ئـەو کڵێسـایانەدا بـە مەبەسـتی مزگێنیدان بـە ڕێـگای هەمەچەشـن کار دەکەیـن، لەوانـەی قسـەکردن لـە شـوێنی ئیـش و کاردا لـە کاتـی خواردنـی نانـی نیـوەڕۆدا. هەروەهـا شـوان و قەشـەی کڵێسـاکانی دیکـە بانگهێشـتی کۆبوونـەوەی نوێـژ و نـزا دەکەیـن تاکـو پێـمان بڵێـن کـە چـۆن دەتوانیـن نوێـژ بـۆ کڵێسـاکانیان بکەیـن.

مـن شـتێکم دەسـت پـێ کـرد بـە نـاوی (کۆمەڵـەی خزمەتکارانـی باپتیسـتی کۆڵۆمبیـا[a])[b] کـە خزمەتکارانـی باپتیسـتی باشـوور لـە دەوری یەکـتر کـۆ دەکەمـەوە. ڕۆژانـی سێشـەمەی هەمـوو مانگێـک بـە مەبەسـتی ژیانـی هاوبـەش، ڕاوێـژ لەگـەڵ یەکـتر و نوێـژ و نزاکـردن کـۆ دەبینـەوە. مایـەی هێـز و هاندانـە کـە گوێـت لـە کاری دیکـەی مزگێنیـدان لـە شـارەکەتدا دەبێـت.

لـە چەنـد سـاڵی ڕابـردوودا، ژمارەیەکـی زۆر لـە دامەزرێنەرانـی نوێـی کڵێسـا لـە هاتـوون بـۆ واشـنت دی. سـی، وە بـە مەبەسـتی داواکردنـی هـاوکاری، هاتـوون بـۆ لای ئێمـە. بەپێـی توانا، ئێمـە حـەز دەکەیـن هـاوکار و یارمەتیـدەر بیـن. ئەگـەر کەسـێک بتوانێـت متمانـەی ئێمـە بەدەسـت بهێنێـت، ئـەوا تەنانـەت ئەندامـی کڵێسـای بـۆ دەنێریـن و ئەگـەر پێویسـتی بـە پشـوو بـوو، ئـەوا وتاربێـژی بـۆ دەسـتەبەر دەکەیـن.

---

a مەبەستی لە ناوچەی کۆڵۆمبیای واشنتنە. وەرگێڕ

b Columbia Baptist Minister's Association

هیوا و ئومێدی ئێمە ئەوەیە کە زۆرێک لە کڵێساکانی دیکە ئێمە وەکو سەرچاوە چاو لێ بکەن، سەرچاوەیەک کە لە بەرامبەردا داوای هیچ شتێک ناکات بەڵام خۆشەویستی و بایەخ و گرنگیدانێکی زۆری بۆ بەخشین هەیە.

زۆر کەس کڵێساکەی ئێمە بەجێدەهێڵێت بەهۆی سروشتی ژیانی کاتی لە واشنتن.[a] کاتێک کە ماڵمان هاتە ئێرە، دەمزانی کە خۆشویستنی ئەم کڵێسایە دەکرێت دواتر دڵتەنگمان بکات. ئەمە لەڕووی سۆزدارییەوە دەکرێت کارێکی سەخت بێت. بەڵام هاوکات دەرفەتێکی باشە و هەوڵ دەدەین سوود لەم کاتیبوونە سوود وەربگرین. بۆ نموونە، کۆبوونەوەی ڕۆژانی یەکشەمەی تایبەت بە گەورەکانمان گۆڕی بۆ سێمیناری سێزدە هەفتەیی کە تیشک دەخاتە سەر بابەتی دیاریکراو و ورد. ئێمە بە خۆمان گوت، با بڵێین هەر کەسێک دوو بۆ چوار ساڵ لەگەڵ کڵێساکەی ئێمە دەمێنێتەوە، ئەو شتانە چین کە دەتوانین لەمەڕ ژیانی باوەڕدارەوە پێی ببەخشین؟ ڕاهێنانە بنەڕەتییەکە دەبێت چی لەخۆ بگرێت؟ لەبەر ئەوە، وانەی تایبەتمان هەیە لەسەر بنەماکانی باوەڕی مەسیحییەت، وانەیەکی کورتی تایبەت بە مزگێنیدان، وانەی درێژی تایبەت بە مزگێنیدان، خوێندنی خێرای کتێبی پیرۆز، مێژووی کڵێسا، یەزدانناسیی ڕێکخراو و ڕێکوپێک، یەزدانناسیی کتێبی پیرۆز، چۆنیەتی خوێندنەوەی کتێبی پیرۆز، تەمبێکردنی ڕۆحی، ڕێنمایی، پەیوەندی و هاوسەرگیری، دایک و باوکایەتی، ئابوری، ترس لە مرۆڤ، بەرگریکردن لە باوەڕ، باوەڕدارانی نێو حکومەت، پیاوێتی و ژنێتی و زۆری دیکە. ئێمە بەم شێوازانە ئەندامانمان لەبەر خۆیان بەهێز دەکەین و هەروەها ئامادەیان دەکەین بۆ ئەو کڵێسایەی کە دواتر دەڕۆن بۆی. ئەگەر کەسێک لە هەموو ئەو خولانەدا سەرکەوتوو بێت، هانی دەدەین کە ئەو وانانە وەکو ڕێگای بەقوتابیکردن بە کەسێکی دیکە بڵێتەوە.

---

a نووسەر لێرەدا دەیەوێت بڵێت کە خەڵکی زۆر کەمی ڕەسەن لە واشنتن ماون؛ ئەوانەی کە لەوێ دەژین بۆ ماوەیەکی کاتی لەوێ دەبن و دواتر ئەو شارە بەجێدەهێڵن. وەرگێڕ

ئەی تۆ؟

دیسان، هەندێک لەوانەی لە سەرەوە باسم کرد، ئەو شتانەن کە من وەکو شوان و قەشە ئەنجامم داوە. بەڵام کتێبی پیرۆز فێرمان دەکات کە تەواوی ئەندامان بەرپرسیارێتیی خزمەتی مزگێنیی کڵێسایان لە ئەستۆیە. ئەمەش واتای ئەوەیە کە تۆ دەورت دەبێت لە بەدیهاتنی ئەو پلان و بەرنامەیەی کە کڵێساکەت بۆ گەشەدان بە مزگێنیدان لە ناوخۆی وڵات و لە هەرێمەکەتاندا هەیەتی.

یەکێک لە کێشە کردەییەکان پێک دێت لە شێوازی بیرکردنەوەی تۆ لەمەڕ ئەوەی کە ئاخۆ لەم کڵێسایەی ئێستا بمێنیتەوە، یان لەگەڵ پڕۆژە و بەرنامەیەکی تایبەت بە بوژانەوە و دامەزراندنی کڵێسای نوێدا بڕۆی، یان تەنانەت بڕۆیت و لە دەرەوەی وڵات مزگێنی بدەیت. زۆر کەس مانەوە و ڕۆیشتنیان بەپێی قازانجی پەروەردەیی، ئیش و کار، یان بارودۆخی خێزان لێک دەدەنەوە. تەنانەت بەپێی کەشوهەوا، دوور و نزیکی ئەو شوێنەی بۆی دەچن، شکڵ و شێوازی ژیان، حەز و ئارەزووەکانیان و چێژ و خۆشی، بڕیار دەدەن.

ئەگەر تۆ بەو چەشنە بیر دەکەیتەوە، ئەوا دەمەوێت بتخەمە بەردەم ئاڵنگاری ئەوەی کە هەموو بڕیارەکانی ژیانت بە فەرمانی نێردراوێتییە مەزنەکەی عیسا بسپێریت. تەواوی ئەو ژیانەی کە ماوتە بە عیسا بسپێرە و داواکاریی بەقوتابیکردنی باوەڕداران و فێرکردنی ئەوەی کە گوێڕایەڵی فەرمانەکانی عیسا بن، جێبەجێ بکە. کاتێک دەتەوێت ئەم بڕیارە گرنگانەی ژیانت بدەیت، ئەگەر دەتوانیت، یەکەم جار ببە ئەندامی کڵێسایەک، ئینجا بیر لە ئیش و ماڵ و قوتابخانە بکەوە.

ئایا لە پۆلی دوازدەیت و هێشتا نازانیت دەبێت بڕۆیتە چ پەیمانگا و زانکۆیەک؟ ناوی چەند کڵێسایەکی باشی وڵاتەکەت بنووسە، دواتر لە خۆت بپرسە، ئایا هیچ پەیمانگا یان زانکۆیەکی باش لەو شارانەدا هەیە؟

ئایا بازرگانیت؟ کۆمپانیاکەت لە دەرەوەی وڵات بریکار و نوێنەرایەتیی هەیە؟ ئایا

ئاگات لەو کڵێسا و خزمەتی مزگێنییانە هەیە کە دەتوانن سوود لە هاوکاری تۆ لەو شارانەدا وەربگرن کە کۆمپانیاکەت نوێنەرایەتی تێدا هەیە؟ دەتەوێت داوا بکەیت کە بتنێرن بۆ یەکێک لەو شارانەی دیکە؟

ئایا کەسێکی خانەنشینی؟ ئەم ساڵانەی دواییت لە کوێ و چۆن بەسەر دەبەیت؟

شێوازی بیرکردنەوەی نێردراوییێتییە مەزنەکە وا دەکات شێوازی بیرکردنەوەت لەمەڕ بڕیارە گرنگەکانی ژیانت بگۆڕیت. وە ئەمەش دەمانگەیەنێتە بەشی داهاتوو.

بەشی نۆیەم

دەبێت بمێنیتەوە یان بڕۆی؟

یەکەم کۆمەڵە قوتابییەکەی عیسا ڕۆیشتن بۆ ئەوەی نێردراوییێتییە مەزنەکە بەجێ بگەیەنن. بەڵام ئەوان بە جۆرێک نەچوون کە هەموو شتێک بە یەک جاری تەواو بکەن؛ واتە کارەکەیان بەردەوامە.

هەندێ کات باوەڕدارە نوێیەکان گوێیان لە فەرمانی «بڕۆن» دەبێت و وەکو فەرمانێکی بنەڕەتیی ژیانی باوەڕداران چاوی لێ دەکەن. بەڵام لەڕاستیدا ئەم جۆرە بیرکردنەوەیە دروست نییە و کورتبینینی بابەتەکەیە. کاتێک بۆ مزگێنیدان دەڕۆیت بۆ وڵاتێک یان ناوچەیەکی دیکە، دەبێت لەوێ بمێنیتەوە. ئەگەر تۆ بەردەوام لە ڕۆیشتندا بیت، هیچ شتێک ناگۆڕێت جگە لە مەودای گەشتەکانت.

بۆ ئەوەی «ڕۆیشتن» واتای هەبێت، دەبێت بۆ ماوەیەکی دیاریکراو «بمێنیتەوە»، دەکرێت چەند هەفتەیەک، چەند ساڵێک یان باقیی تەمەنت بێت.

ئەو پرسیارەی کە هەموو باوەڕدارێک ڕووبەڕووی دەبێتەوە ئەوەیە کە ئاخۆ دەبێت بڕۆم بۆ شوێنێک کە پەیامی مەسیح تێدا بڵاو نەکراوەتەوە و لەوێ ببمە بەشێک لە گروپی دامەزراندنی کڵێسا؟ یان ببمە بەشێک لەو گروپەی کە لە ناوچە یان وڵاتەکەی خۆمدا کڵێسا دەبووژێننەوە یان دایدەمەزرێنن؟ یاخود دەبێت لە کڵێساکەی ئێستامدا بمێنمەوە، بەردەوام بم لەسەر پەرستش و بەقوتابیکردن و مزگێنیدان لە کاتێکدا پشتگیری لەو کەسانە بکەم کە بۆ مزگێنیدان ڕۆیشتوون بۆ وڵات و ناوچەی دیکە؟

هەریەک لەم بژاردانە باشن. هەڵبژاردنی یەکێک لەوانە، پشت دەبەستێت بە کەسایەتیی تۆ و ئەوەی کە خودا داوات لێ دەکات ئەنجامی بدەیت.

لەبەرچاوگرتنی دوازدە هۆکار

دەمەوێت دوازدە هـۆکار بخەمـە بەردەسـتت بـۆ ئـەوەی یارمەتیت بـدات لـە بڕیـاری ئـەوەی کـە ئاخـۆ لـە کڵێسـاکەی ئێسـتاتدا بمێنیتـەوە یان بـڕۆی بـۆ کڵێسـایەکی ناوخۆیی یـان نێودەوڵەتیـی دیکـە؟ دەبێـت ئەمانـە خـوارەوە لەبەرچـاو بگریـت:

١. **ئامانجـی کارەکـەت.** ئەگـەر بیـر لـە ڕۆیشـتن دەکەیتـەوە، ئایـا بەگشـتی ئامانجەکـەت نەرێنییـە - کڵێسـاکەت بەجێدێڵێـت چونکـە شـتێک هەیە کە حـەزت لـێ نییـە؟ یـان هۆکارەکـەی ئەرێنییـە - بـۆ ئـەوەی لـە شـوێنێکی دیکـە خزمەتێکـی دیکـەی مزگێنیـدان دامەزرێنیـت؟ ئەگـەر دەتەوێـت کڵێسـاکەت بەجێبهێڵێـت، ئـەوا باشـتر وایـە کـە هۆکارێکـی ئەرێنـی لەپشـت بێـت. هەروەهـا نابێـت کڵێسـاکەت بەجێبهێڵیت بەهۆی هەسـت بـە تاوانبارکـردن یـان بیروبۆچوونـی هەڵـە لەمـەڕ ئـەوەی کـە بـاوەڕداری «پێگەیشـتوو» دەبێـت چـی بـکات. هـۆکاری نەرێنـی، تاوانێـک کـە لـە جێـی خـۆی نەبێـت، وە بیروبۆچوونـی هەڵـە نابێتـە هـۆی جێگیربـوون و سـەقامگیریت کاتـێ کـە ڕووبـەڕووی سـەختییەکانی پشـتگیریکردن یـان دروسـتکردنی کارێکـی نـوێ دەبیتـەوە.

٢. **یەزدانناسـی و فەلسـەفەی خزمـەت.** ئایـا ئـەو کڵێسـا یـان گروپـە کڵێسـا دامەزرێنـەرەی کـە بیـر لـە چوونەپاڵیـان دەکەیتەوە، وشـەی خودا بەدروسـتی ڕادەگەیەنـن؟ ئایا بەپێـی کتێبـی پیـرۆز لـە مزگێنـی و کڵێسـا تێگەیشـتوون؟

٣. **مزگێنیـدان.** ئایـا کڵێسـاکەت بـە جۆرێکـە کـە دڵنیـای ئەگـەر هـاوڕێ نامەسـیحییەکەت بانگهێشـتی کڵێسـا بکەیـت، گوێـی لـە مزگێنیـی مەسـیح دەبێـت و پەیامـی مزگێنـی بـە کردەیـی لـە کڵێسـادا دەبینێـت؟ (بێگومـان ئەمـە لانـی کـەم لـە سـەرەتادا لـەو پڕۆژانـەدا بـەدی ناکرێـت کـە پەیوەنـدی بـە بووژانـەوەی کڵێسـاوە هەیـە).

٤. **ڕەوشتبەرزی.** شتێکی باشە کە دەتەوێت باوەڕەکەت پتەو و پتەوتر بێت. بۆیە، دەبێت هەوڵ بدەیت کە لە کڵێسایەکدا بیت کە هاوکاریت دەکەن لەڕووی ڕۆحییەوە گەشە بکەیت. ئایا لە کڵێساکەی ئێستاتدا بەرەوپێش دەچیت؟ هەست دەکەیت لە کڵێسایەکی دیکەدا بەرەوپێش دەچیت؟ ئایا ڕۆیشتنت لەم کڵێسایەی ئێستاتدا لە ڕووی ڕۆحییەوە زیان بە خۆت یان کەسێکی دیکە دەگەیەنێت؟ بیر لەوە بکەوە کە چۆن لەنێو فڕۆکە پێت دەڵێن لە حاڵەتی کتوپڕ و ناکاو یەکەم جار ماسکەکە لەسەر دەم خۆت دابنێ پێش ئەوەی کە یارمەتی کەسێکی دیکە بدەیت؟ بە هەمان شێوە، ئاساییە کە یەکەم جار بایەخ کە لایەنی ڕۆحیی خۆت بدەیت. ئەگەر دەتەوێت یارمەتی کەسێکی دیکە بدەیت، یەکەم جار دەبێت خۆت توانای هەناسەدان و گەشەی ڕۆحیت هەبێت.

سێ کۆمەڵە کەس لەنێو کڵێسادا هەن: کەسانی دڵتەنگ، ئەوانەی کە کێشەیەکی ئەوتۆیان نییە، وە ئەوانەی کە زۆر بەباشی گەشە دەکەن. ئەوانەی کە دڵخۆش نین، بە گشتی نابێت بچنە پاڵ ئەو دەستە و گروپانەی کە هەڵدەستن بە بوژانەوە و دامەزراندنی کڵێسای دیکە. دەبێت دان بەوەدا بنێم کە من وەکو قەشەیەک، هەندێک کات وەسوەسەی ئەوە دێتە نێو مێشکەمەوە کە بەتایبەتی ئەو کەسانە بنێرم بۆ مزگێنیدان! بەڵام ئەوە کارێکی ژیرانە نییە. ئەگەر لە کڵێسادا دڵخۆش نیت، ئەوا باشترە کە لەگەڵ ئەو کەسانەدا بیت کە بە باشی دەتناسن و لە هۆکاری دڵتەنگییەکەت بکۆڵنەوە، چونکە دەکرێت ئەو دڵتەنگییەت لەگەڵ خۆت ببەیتە ئەو کڵێسا نوێیەی کە بۆی دەچی.

ئەگەر تۆ سەربە گروپی سێیەم - واتە ئێستا زۆر بەباشی لەڕووی ڕۆحییەوە گەشە دەکەیت - ئەوا تۆش هەتا ماوەیەکی دیکە لەم کڵێسایەی ئێستاتدا بمێنەوە. تۆ لە گەشەکردندایت! بەردەوام بە لەسەر ئەو کارەی کە دەیکەیت! ئەگەر ئەم

گەشـەکردنە ماوەیەکـە وەسـتاوە، لەگـەڵ یەکێـک لـە پیرانی کڵێسـا قسـە بکە و کێشـەکە بخەنـە بـەر بـاس.

باشـترین کـەس کـە بیەوێـت بچێتـە پـاڵ پـڕۆژەی بوژانـەوە و دامەزراندنـی کڵێسـا، ئەوانـەن کـە سـەربە دەسـتەی دووەمـن. چونکـە ئەمانـە زۆربـەی ئەندامانـی کڵێسـا پێـک دێنـن. ئەگـەر تـۆ یەکێـک لەوانـە، ئـەوا باشـیت و کێشـەت نییـە. تـۆ لەسـەرخۆ گەشـە دەکەیـت و گەشـەکردنەکە تایبـەت و خێـرا نییـە. تـۆ کەسـێکی جێگیریـت و دەتوانیـت یارمەتـی کەسـانی دیکـە بدەیـت. لەوانەیـە ئـەو هاوکارییـە هەندێـک جوڵـە و لەرینـەوەش پـێ بـدات.

٥. **سروشـتی سـتراتیژیی کاری کڵێسـا.** ئەمـە ئـەو کارەیـە کـە زۆر گرنگـە بەلاتـەوە و حـەز دەکەیـت بەشـداری تێـدا بکەیـت و پێـت وایـە کـە دەتوانیـت بـەرەو پێشـی ببەیـت؟ ئایـا دەرفەتـی گەشـتی سـتراتیژیی خوداییـت هەیـە کـە بەهۆیـەوە دەتوانیـت پشـتگیریی کڵێسـایەکی دەرەوەی وڵات بکەیـت؟ ئایـا گروپێکـی دیاریکـراو هەیـە کـە بتەوێـت مزگێنییـان پـێ بدەیـت؟

٦. **ئـەو خزمەتـەی کـە ئێسـتا لـە کڵێسـاکەتدا هەتـە.** سـەرنجی ئـەو خزمەتـە بـدە کـە خـودا پشـوەخت پێـی سـپاردووی، وە ئـاگادار بـە لـەوەی کـە ئـەو خزمەتـە بەجـێ نەهێڵیـت کـە پشـت بـە تـۆ دەبەسـتێت. لەوانەیـە پێشـوەخت سـوودێکی بـاش وەردەگیردرێـت لـەو بەهرەیـەی کـە لـە فێرکـردن و بەقوتابیکردنـدا هەتـە، یـان لەوانەیـە لـە شـوێنێکی دیکـە و لـە سـەرەتاوە بـە شـێوەیەکی باشـتر بەکاریـان بهێنیـت. ئەگـەری ئـەوە هەیـە کـە تـۆ بەزوویـی بتوانیـت پەیوەنـدی لەگـەڵ کەسـانی دیکـەدا دروسـت بکەیـت، وە ئـەوە لـە شـوێنێکی نوێـدا بەجوانـی دەتوانیـت بەکاریبهێنیـت. یـان لەوانەیـە دروسـتکردنی پەیوەنـدی بـۆ تـۆ کارێکـی ئاسـان نەبێـت و کاتێکـی زۆر ببـات، بۆیـە پێویسـت دەکات کـە بەجوانـی بیـر بکەیتـەوە

پێش ئەوەی کە بڕیاری ڕۆیشتن بدەیت. ئەگەر لە کڵێساکەی ئێستاتدا «نێردەری تەواو» نیت - لە مزگێنیدان، بەقوتابیکردن، هاندان - ئەوا هۆکارێکی زۆر کەم لەئارادایە بۆ ئەوەی وا بیر بکەیتەوە کە لە کڵێسایەکی دیکە دەبیت.

٧. **ئەو شوان و قەشانەی کە پشتگیریيان دەکەی.** لەوانەیە لەگەڵ پیاوێک یان خێزانەکەی پەیوەندییەکی کەسی و نزیکت هەبێت. یان لەوانەیە بەهۆی فێرکردن و وتارەکانی ئەوەوە گەشەت کردبێت و بەرەو پێش چووبێتی. ئەمانە هۆکارگەلی باشن بۆ ئەوەی بڕۆیت و پشتگیری کارەکە بکەیت، وە تۆ دەبیتە هاندانێکی گەورە بۆ ڕابەران و کەسانی دیکەش!

٨. **شوێن و جوگرافیا.** ئێستا چەندە دووریت لە کڵێساکەت و لە زۆربەی ئەندامەکانی؟ ئایا مەودایماڵەکەت لە کڵێساکەتەوە ئاسانکاریی ئەوەی بۆت کردووە کە بەردەوام سەردانی بکەیت، کاری خۆبەخشانە بکەیت و بەشداری لە ژیانی ئەندامانی دیکەدا بکەیت؟ شوێنی ژیانت هەتا چ ڕادەیەک کاریگەری لەسەر مزگێنیدان بە دراوسێکانت یان هاوکارەکانت داناوە؟ ئەگەر ماڵتان دوور لە کڵێسایە، ئەوا دەکرێت بە مەبەستی هاندان یان دروستکردنی کارێکی باش بەکاربهێنرێی. بەڵام ئەگەر کڵێساکەتان نزیکە، ئەوا هانت نادەم کە بچیتە پاڵ پڕۆژەیەکی نوێی دیکەوە، مەگەر ئەوەی کە ئامادە بیت بڕۆیت بۆ ئەو شوێنەی کە ئەو پڕۆژە نوێیەی تێدایە.

٩. **قۆناغی ژیان.** زۆر ئاساییە کە بیر لە قۆناغی ژیانت بکەیتەوە. ئایا زگورتی؟ ئایا دەتەوێت هاوسەرێک بدۆزیتەوە کە لە ڕووی یەزدانناسی و کردەییەوە هاوڕا بێت لەگەڵت؟ ئەگەر تۆ باوکیت، ئەوا ئەو

کڵێسایەی کە بۆی دەچیت، شوێنێکی باشە کە هاوسەر و منداڵەکانتی تێدا بکەیتە قوتابی؟

١٠. بارودۆخی دارایی. زۆر ئاساییە کە ئەوە لەبەرچاو بگریت ئاخۆ بارودۆخی ئێستات بۆ بەڕێوە دەبردرێت یان هەر بارودۆخێک کە لە داهاتوودا دێتە بەردەمت. ئایا دەتوانیت کرێ خانووەکەت دابین بکەیت؟ پارەی قوتابخانەی منداڵەکانت بدەیت؟ ئەی خەرجییەکانی دیکەی ژیان؟ پۆڵس دەڵێت کە «» (یەکەم تیمۆساوس ٥: ٨). ئایا هەرگیز بیر لەوە کردووەتەوە ئاخۆ هەموو ئەو شتانەت پێویستە کە پێت وابووە پێویستتە؟ ئاگاداری گریمانەکان بە.

١١. بارودۆخی پەیوەندیت لەگەڵ کەسانی دیکە. دەبێت شوێنێک بەجێ بهێڵیت کە پەیوەندیت لەگەڵ کەسانی دیکەدا لە ئاستێکی باشدا بێت، نەک خراپ. نابێت کڵێسا بەجێبهێڵیت لەبەر ئەوەی کە ناتەوێت ڕووبەڕووی کێشەکانی پەیوەندییەکی سەخت و زەحمەت ببیتەوە.

١٢. نوێژ و نزا. بە ڕای تۆ خودا دەیەوێت لە کڵێساکەی ئێستاتدا بمێنیتەوە، یان بڕۆی بۆ کڵێسایەکی دیکە؟ ئێمە بەهۆی مەسیحەوە ئازادین. زۆربەی کات لە بژاردیەکی باش زیاترمان لەبەردەستە. سوپاس و ستایشی خودا دەکەین بەهۆی ئەو ئازادییەی کە هەمانە.

هەندێک دەبێت بڕۆن و هەندێک دەبێت بمێننەوە

تەنها لەبەر ئەوەی کە ڕۆیشتن کارێکی ئاسان نییە و باج و بەهایەکی زۆری دەوێت، واتای ئەوە نییە کە دەبێت بمێنیتەوە. زۆربەی گەلی پیرۆزی خودا کە گوێڕایەڵی فەرمانی ڕۆیشتنەکەی عیسایان کرد، باج و بەهایەکی زۆریان دا. مەگەر

ئـەوەی کـە لـە ئۆرشـەلیم بژیـت، ئەگینـا سـوپاس بـۆ خـودا کـە کەسـێک ئـەو بـاج و بەهایـەی داوە و مزگێنـی داوەتـە گەلەکـەت و شـارەکەت و ماڵەکـەت، بـۆ ئـەوەی تـۆ بـاوەڕ بهێنیـت!

ئایـا مەبەسـتی ئـەم بەشـە ئەوەیـە کـە پێتـان بڵێـم هەندێـک لـە ئێـوە دەبێـت کڵێسـاکانیان بەجـێ بهێڵـن و بـڕۆن؟ بەڵـێ، هەتـا ڕادەیـەک. هەندێـک لـە بـاوەڕداران دەبێـت بـڕۆن و یارمەتـی ئـەو کڵێسـایانە بـدە کـە کێشـەیان هەیـە. هەندێکـی دیکـەش دەبێـت کڵێسـای نـوێ دابمەزرێنـن. وە هەندێکیـش دەبێـت بـڕۆن بـۆ وڵات و ناوچەکانی دیکـە و مزگێنـی بـدەن. بـەڵام هەندێکیـش دەبێـت بمێننـەوە و نـەڕۆن بـۆ هیـچ شـوێنێک.

بێگومـان دەبێـت کۆمەڵێـک لـە کڵێسـادا بمێننـەوە بـۆ ئـەوەی بـە کڵێسـایی بمێنێتـەوە. هەمـوو کڵێسـایەک پێویسـتی بـە ڕابەرایەتـی و بەقوتابیکـردن و هاوڕێیەتـی درێژمـاوەی جێگیـر هەیـە. لەڕاسـتیدا مانـەوە لەنێـو کەلتـوری خۆماندا ئێسـتا شـتێکە کـە پێچەوانەی کەلتـورە، بەتایبەتـی لەنێـو نـەوەی هاوچەرخـدا. لەگـەڵ ئـەو هەمـوو گۆڕانکارییـەی ژیانـی شـارەکان کـە لـە ئیـش و کار و پـەروەردەدا دەکرێـت، گرنگتریـن شـت بـۆ هەندێـک کـەس ئەوەیـە کـە بتوانـم بـۆ چەنـد دەیەیـەک لـە شـوێنێکی دیاریکـراودا بمێننـەوە.

هـەر کارێـک دەکەیـت، بـە خێرایـی بڕیـاری لـەم چەشـنە مـەدە. وە بـە تەنهـا ئـەم جـۆرە بڕیـارە مـەدە، بەڵکـو لەپێناویـدا نوێـژ و نـزا بکـە و لەگـەڵ هـاوڕێ نزیکەکانتـدا قسـە بکـە؛ هەروەهـا بڕیارەکانـت لەگـەڵ پیرێکـی کڵێسـا کـە دەیناسـیت بـەش بکـە.

بەشی دەیەم
گەورەترین ئامانجی نێردراوییێتییە مەزنەکە

گەورەترین ئامانجی نێردراوییێتییە مەزنەکە شکۆمەندیی خودایە لەنێو کڵێسادا.

ئەگەر عیسا وێنەی خودای نەبینراوە، ئەوا ئەمڕۆ عیسا چۆن دەبینین؟ نابێت عیسا لە ڕێگەی پەیکەر و شکڵ و شێوەی مادییەوە بپەرسترێت. لە هیچ ئایەتێکدا نایبینین کە عیسا داوا لە قوتابییەکانی بکات کە وێنەی بکێشنەوە یان پەیکەری بۆ دروست بکەن. ئێمە کتێب و سیپارەی قوتابییەکانمان لایە، بەڵام هیچ وێنەیەکمان نییە کە دروستیان کردبێت بۆ ئەوەی ئێمە بیپەرستین.

لە جێگەی ئەوە، لە ڕێگەی وتار و فێرکردنەکانیەوە گەلێکی بۆ خۆی دروست کرد. لە کڵێسادا، بەرەکەتی دەرکەوتنی کەسایەتی خودامان بۆ دەردەکەوێت. لە کڵێسادا خودا دەبینین. دەزانین کە لە کۆتاییدا چاومان بە ڕوخساری دەکەوێت (یەکەم یۆحەنا ٣: ١- ٣؛ ئاشکراکردن ٢٢: ٤). بەڵام ئێستا لەنێو کڵێسا ناوخۆییدا، دەبێت هەموو گەل و نەتەوەکان شایەتیی وێنەی شکۆی باشە و خۆشەویستیی خودا بن، وە بەو هۆیەوە شکۆداری بکەن.

عیسا لەگەڵ کڵێسای ناوخۆییدا بووەتە یەک. کڵێسا جەستەی عیسایە. ئەو سەری کڵێسایە. دەبێت هێز و دەسەڵاتیی عیسا لەسەر کڵێساکانمان بەدی بکەین. دەبێت کڵێساکان دانایییە هەمەچەشنەکەی عیسا نیشان بدەن و مزگێنیی مەسیح دەربخەن. کڵێساکان پلانی مزگێنیدانی عیسای مەسیحن. کڵێساکان ئەو شوێنەن کە دەسەڵاتی شانشینەکەی عیسای تێدا پەیڕەو دەکرێت.

کڵێسای ناوخۆیی شوێنی دروستکردنی قوتابییە. وە شوێنی لەئاوهەڵکێشان ئەو

قوتابییانەیـە بـە نـاوی بـاوک و کـوڕ و ڕۆحـی پیـرۆز. وە هەمـان ئـەو شوێنەشـە کـە بـە بـاوەڕداران گوتـراوە گوێڕایەڵیـی هەمـوو فەرمانەکانـی عیسـا بکـەن. وە لەبـەر ئـەم هـۆکارە شـکۆمەندانە، مەسیح بەڵێنـی داوە پێـمان هەتـا گەڕانـەوەی ڕۆح و دەسـەڵاتیی خۆیـمان پـێ ببەخشـێت.

دامەزراندنـی کڵێسـا کاری ئاسـایی کڵێسـای ناوخۆییـە. بـە شـێوەیەکی گشـتی، نێردراوییێتییـە مەزنەکـە لـە ڕێگـەی دامەزراندنـی کڵێسـاوە بـەدی دێـت. نوێـژ و نـزا دەکـەم کـە تـۆ ژیـان و کڵێسـاکەتی بدەیتـە دەسـت.

فەرهەنگۆک

ڕوونکردنەوە	English	وشە
هەر باوەڕدارێک بە مەسیح پێویستە ببێتە ئەندام لە کۆمەڵێکی باوەڕداران لەپێناو ژیانی هاوبەش و گەشەکردن لە باوەڕیدا. کڵێسا جەستەی مەسیحە و هەر باوەڕدارێک ئەندامێکە لەو جەستەیە.	Chruch membership	**ئەندامێتیی کڵێسا**
لە کڵێسادا دەستەیەک باوەڕداری بەئەزموون هەن کە سەرپەرشتی کاروبارەکانی کڵێساکە دەکەن، هەر یەکێک لەوان پێی دەگوترێت پیر.	Elder	**پیر**
بە عەرەبی پێی دەگوترێت "معجزة". پەرجوو کاری سەرسوڕهێنەر و نایابە کە تەنها لە توانای خودایە ئەنجامی بدات.	Miracle	**پەرجوو**
تەختی فەرمانڕەوایەتی خودایە کە هەموومان ڕۆژێک دەچین و لەبەردەمی ڕادەوەستین کاتێک خودا حوکممان دەدات.	Judgment Seat of God	**تەختی دادوەریی خودا**
دەستنیشانکردن و تەرخانکردنی کەسێک بۆ ئەرکێکی دیاریکراو لە کڵێسادا، وەک: پیر، ڕابەر، خزمەتکار، .... هتد.	Consecration	**تەرخانکردن، پیرۆزکردن**
سزادانی ئەندامی کڵێسا بەهۆی گوناه.	Church Discipline	**تەمبێکردنی کڵێسایی**
دامەزراندنی کڵێسایەکی نوێ لە شوێنێکدا کەوا کڵێسای لێ نییە.	Church plantation	**چاندنی کڵێسا**
ئەسقوف، چاودێر و سەرپەرشتیاری کڵێسا.	Bishop	**چاودێر**
ئەو خاکەی خودا بەڵێنی بە گەلی ئیبراهیم دا کە دەبێتە هی نەوەکانی ئەو.	The promised Land	**خاکی بەڵێندراو**
خزمەتکار پلەی لە شوان و پیران کەمترە و هەڵدەستێت بە ڕاپەڕاندن و ئەنجامدانی کاروبارەکانی کڵێسا و کۆمەڵی باوەڕداران.	Deacon	**خزمەتکار (شەماس)**

خوانی پەروەردگار	Lord's supper	نانلەتکردن، یادەوەری دوایین ئێوارەخوانی عیسای پەروەردگار لەگەڵ قوتابییەکانی.
دابڕین		دەرکردن و لێسەندنەوەی ئەندامێتیی لە ئەندامی کڵێسا.
ڕابەر	Leader	قەشە یان سەرپەرشتیاری کڵێسا.
ڕۆژی پەنجایەمین	Pentecost	پەنجایەمین ڕۆژ لەدوای بەرزبوونەوەی عیسا بۆ ئاسمان، کە لەم ڕۆژەدا ڕۆحی پیرۆز هاتە سەر قوتابییەکان.
سروش	Inspiration	بە عەرەبی پێی دەگوترێت "وحي"، بەو پەیامەی خودا دەگوترێت کە بە مرۆڤە هەڵبژێردراو و تایبەتەکانی دەدات بۆ ئەوەی ڕاییگەیەنن.
سیپارە	Book	هەر پەرتووکێک لە ٦٦ پەرتووکەکەی کتێبی پیرۆز.
قەشە	Pastor	شوان یان سەرپەرشتیاری کڵێسا.
کڵێسای نێردراوێتی	Apostolic Church	ئۆل و مەزەبێکە کەوا یەکەم جار لە ساڵی ١٩٠٤ لە بەریتانیا سەریهەڵدا. شوێنکەوتووانی ئەم کڵێسایە هەوڵ دەدەن وەکو سەدەی یەکەم ئەرک و کاروباری نێردراوان لەنێو کڵێسادا ڕوون و ئاشکرا بێت.
کاهین	Priest	ئەو کەسەی لە سەردەمی پەیمانی کۆندا قوربانی بۆ خودا دەکرد لە پێناو بەخشینیی کاتیی گوناهی مرۆڤ.
کڵێسا	Church	ئەم وشەیە لە بنەڕەتدا واتا کۆبوونەوەی بانگهێشتکراوان بۆ بەردەم خودا، لە پەیمانی نوێدا بۆ کۆمەڵی باوەڕداران بەکاردێت.
کڵێسای پیرانی	Presbyterian Church	ئۆل و مەزەبێکن لە شوێنکەوتووانی مەسیح کە هەموو بڕیارەکانی کڵێسایان بە سەرپەرشتی دەستەیەکی پیرانە.
کڵێسای کۆمەڵگەرایی		ئۆل و مەزەبێکە کەوا لە بەڕێوەبردنی کڵێسا بڕیارەکان لەلایەن ئەندامانی کڵێساوە دەنگی لەسەر دەدرێت.

کڵێسای لەئاوهەڵکێشی	Baptist Church	ئۆل و مەزەبێکن لە شوێنکەوتووانی مەسیح کە جەخت دەکەنەوە لەسەر لەئاوهەڵکێشانی باوەڕداران.
کڵێسای ناوخۆیی	Local Church	کڵێسایەک لە ناوچە یان شارێکی دیاریکراو.
کڵێسای ئینجیلی	Evangelicalism	ئۆل و مەزەبێکە کەوا تەنها باوەڕیان بە کتێبی پیرۆز هەیە و خۆیان بەدوور دەگرن لە هەر نەریتێک کەوا لەگەڵ کتێبی پیرۆز نەگونجێت.
کڵێسای ئەنگلیکان	Anglican Church	ئۆل و مەزەبێکە کەوا بە کڵێسای بەریتانیا ناسراوە و ساڵی ١٨٦٧ دامەزراوە و لە ژمارەدا لەدوای کاتۆلیک و ئەرتۆدۆکسی ڕۆژهەڵات دێت.
کەوتنی مرۆڤ	Fall	مەبەست لەو کەوتنەیە کەوا تەواوی مرۆڤایەتی بەهۆی گوناهی ئادەم و حەوا کەوتنە ناو گوناە و لە شکۆی خودا کەوتن.
گەلی خودا (مێگەل)	Sheep, God's people	ئەندامان و گەلی کڵێسا.
گەلی کڵێسا - جەماوەری کڵێسا	Congregation	کۆمەڵی باوەڕداران
نێردراوییێتیی مەزن	The great Commisison	عیسای مەسیح بەر لە بەرزبوونەوەی بۆ ئاسمان، قوتابییەکانی ڕاسپارد و فەرمووی: "بڕۆن، هەموو نەتەوەکان بکەنە قوتابی، بە ناوی باوک و کوڕ و ڕۆحی پیرۆز لە ئاویان هەڵبکێشن، فێریان بکەن با کار بکەن بە هەموو ئەو شتانەی کە ڕامسپاردوون."
وشەکە	The Word	مەبەست لە وشە و فەرمایشتی خودایە.
یەزدانناسی	Theology	"لاهوت، یەزدانناسیی پەیمانی نوێ خوێندن و لێکۆڵینەوەی ئەوەیە کەوا خودا سەبارەت بە خۆی لە پەیمانی نوێدا ڕایگەیاندووە. "